KB049027

강민구 변호사의

인생연애상담

강민구 변호사의 인생연애상담

초판발행	2021년 3월 15일
지은이	강민구
펴낸이	안종만 · 안상준
편 집	김선민
기획/마케팅	정연환
표지디자인	조아라
제 작	고철민 · 조영환
펴낸곳	(주) 박영사 서울특별시 금천구 가산디지털2로 53, 210호(가산동, 한라시그마밸리) 등록 1959. 3. 11. 제300-1959-1호(倫)
전 화	02)733-6771
f a x	02)736-4818
e-mail	pys@pybook.co.kr
homepage	www.pybook.co.kr
ISBN	978-11-303-1248-4 03190

정 가 9800원

강민구 변호사의
인생연애상담

강민구 저

박영사

머리말

요즘 코로나 여파로 전 세계가 몸살을 앓고 있다. 사회적 거리두기로 모임도 뜸하고 만날 장소도 별로 없다. 그러다 보니 나 역시 요즘 집에서 조용히 지내며 명상에 젖는 시간이 늘었다. 혼자 음악을 들으며 이런 저런 생각을 하다가, 예전에 읽었던 책이나 남들에게 들었던 좋은 얘기들이 떠올랐다. 무료함을 달래기 위해 컴퓨터 앞에 앉아 이런 저런 얘기를 정리하던 중, 아예 책으로 써보는 게 나을 것 같아 이 책을 집필을 하게 되었다.

나는 그 동안 법조인으로 살아오면서 느끼고 체험한 내용들을 이 책에 진솔하게 담으려고 노력했다. 그 중에는 방송에서 못 다한 얘기도 있으며, 나 자신에게 하는 독백과도 같은 얘기도 더러 있다. 그리고 젊은 후배들의 관심사인 인생과 연애에 관한 이야기도 담았다.

나는 내 자신이 남에게 충고를 할 만큼 대단한 사람이 아니라 생각한다. 그저 평범한 사람 중 하나이다. 하지만 내가 한 가지 자부심을 갖는 것은 그 동안 나름대로 열심히 살아왔다는 점이다. 주마등처럼 지나가는 지난 세월을 돌이켜 보면, 나 역시 다른 사람들처럼 실수도 많이 했다. 하지만 나는 끝까지 포기하지 않고 그것을 이겨내려 노력해왔다. 한편 나는 오랜 법조인 생활을 하는 동안 많은 케이스들을 통해 남들보다 다양한 세계를 간접적으로 접할 수 있었다. 이런 직간접의 경험들은 돈을 주고도 살 수 없는 나만의 귀한 자산이기도 하다. 나는 이 책을 쓰면서 그 동안 내가 바쁘단 이유로 잊고 지낸 여러 진리들을 나 자신을 위해 반추(反芻)해 보는 기회로 삼고 싶다. 마지막으로 이 책이 비슷한 상황 속의 누군가에게 조금이나마 나침반의 역할을 해주었으면 한다.

2021년 3월

저자 강 민 구

차 례

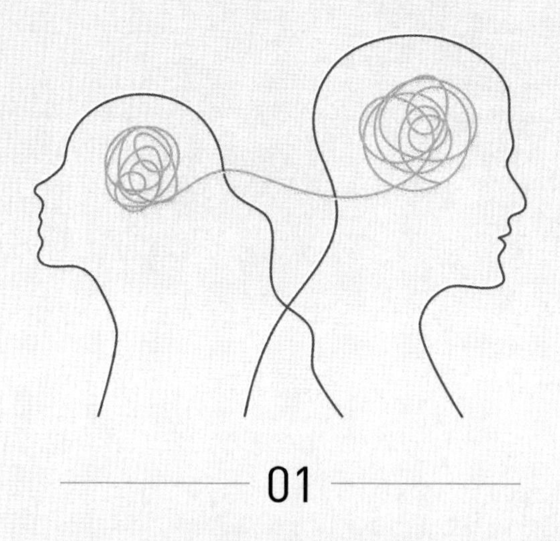

01

성공하는 삶

1. 문어와 조개

2. 두꺼운 낯짝

3. 오픈 마인드

4. 자전거의 지혜

5. 자기 PR의 중요성

6. 공짜 치즈

7. 계영배(戒盈杯)의 교훈

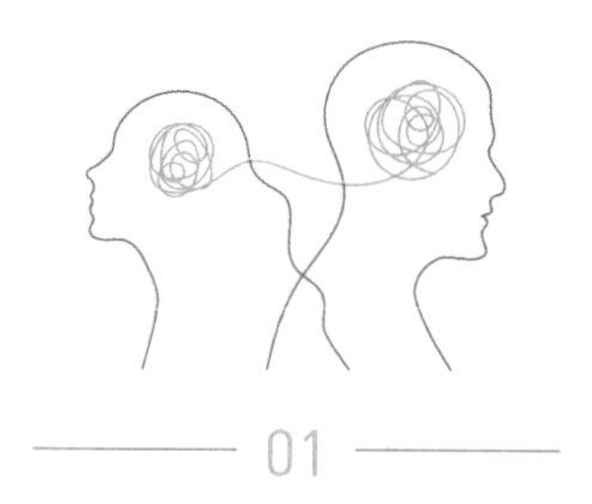

01

성공하는 삶

1. 문어와 조개

옛날 옛적에 문어와 조개가 깊은 바다에서 살고 있었다.

"아 따뜻하고 포근해."

조개가 잠에서 깨어나 기지개를 켜며 행복한 표정을 지으며 곁에 있는 친구 문어에게 말했다.

"아이! 이 옷이 너무 답답해. 나 옷 벗어던지고 밖에 나가 놀래."

하지만 문어는 뭔가 불만이 있는지 얼굴을 씰룩거리며 씩씩거렸다. 이런 문어를 물끄러미 바라보던 조개는 문어를 놀리는 듯 이렇게 말했다.

"문어야 너 옷 벗고 나가면 위험해. 커다란 물고기나 무서운 상어가 널 잡아먹을걸! 나처럼 옷 안에 꼭 꼭 숨어 있는 게 훨씬 안전하지 호호호."

하지만 성질이 급한 문어는 자신의 옷인 껍데기를 벗어던지고 세상 밖으로 나갔다. 그런데 막상 나가보니 세상 밖은 껍데기 안보다 훨씬 차갑고 위험했다.

"앗 차가워. 에이~치!"

문어는 너무 차가운 바깥 온도에 그만 감기가 걸려 덜덜 떨었다. 그뿐만이 아니었다. 그 순간 시커먼 물고기 한 마리가 큰 주둥이를 벌리고 문어를 향해 달려들었다. 문어는 소스라치게 놀라 모래 속으로 잽싸게 몸을 숨겼다.

"헉. 헉. 아 정말 바깥세상은 너무 무서운 곳이구나. 조개 말 들을 걸 잘못했나?"

문어는 후회가 되기 시작하였다. 다시 껍데기 안으로 들어가 숨고 싶었다.

"앗! 내가 벗어던진 껍데기 어디 갔지?"

문어는 아무리 주위를 둘러보았지만 도무지 자신이 벗은 껍데기를 찾을 수가 없었다. 이미 파도에 쓸려 가버린 것 같았다.

"아……, 이제 꼼짝없이 죽는 거야?"

두려움이 찾아왔다. 문어는 너무 슬프고 무서워 한참을 울었다.

"엉……, 엉……"

문어의 두 눈에는 하염없이 눈물이 흘러내렸다. 눈물이 마르도록 한참 동안 울던 문어는 문뜩 결심했다.

"이대로 죽기에는 너무 억울해. 뭐라도 해보고 나서 죽든지 말든지 하자."

문어는 입술을 굳게 닫고 자신에게 약속했다.

"정신 똑바로 차리자. 이제 나를 보호해주는 껍데기도 없으니 내 스스로 강해져야 해."

문어는 속으로 다짐하며 매일 조금씩 운동을 했다. 살아남기 위해서는 껍데기 안에서 오랫동안 나약해진 근육을 키워야만 했다.

"영차! 영차!"

문어는 바위틈에 숨어 필사적으로 하루도 쉬지 않고 운동을 하면서 자신을 채찍질하였다. 그럼에도 불구하고 세상 밖 물살은 연약한 문어에게 매우 강하게 느껴졌다. 그 세찬 물살은 껍데기를 잃어버린 문어에게는 제자리를 버티기에도 힘든 혹독한 시련이었다.

"안되겠다. 떠내려가지 않으려면 바위에 붙어있자."

문어는 매일 바위에 붙는 연습을 하였다. 시간이 흐르면서 약하고 가늘었던 근육은 조금씩 커지고 힘도 세졌다. 그리고 어느 순간부터 팔에는 조그마한 빨판이 돋아나기 시작했다. 하지만 문어가 아직 덩치 큰 무서운 적들을 상대하기에 역부족이었다. 그래서 문어는 큰 물고기들이 다가올 때마다 바위에 바짝 붙어 바위 색과 비슷하게 보이려고 죽을힘을 다했다. 그러다 보니 어느덧 문어에게 자신의 몸 색깔을 주변 색에 맞춰 변화시킬 수 있는 능력이 생겼다.

많은 세월이 흐른 뒤 문어와 조개가 다시 만났다.

"야 조개야 오랜만이다. 그런데 짜식~ 넌 아직도 예전과 똑같이 작고 느리구나. 언제 클래? 호호호."

문어는 여러 다리를 현란하게 흔들며 조개 앞에서 커다랗게 변한 덩치를 자랑하였다.

"문어, 너 정말 내가 아는 문어 맞아?"

조개는 자신의 눈을 의심한 채 문어를 한 참 동안 살펴보았다.

“너 예전에 나하고 비슷하게 껍데기 있었는데 그거 벗어버린 거야? 야 문어 너 정말 멋져졌구나. 정말 부럽다.”

조개는 오랜 친구였던 문어의 화려한 변신에 속으로 적지 않게 충격을 받았다.

‘문어가 저렇게 변할 동안 난 뭐하고 지냈던 거지?’

조개는 그 동안 문어처럼 껍데기를 벗어던지지 못한 채 그 안에서 안주했던 자신이 한심하게 느껴졌다. 조개는 문어에게 말을 건네고 싶었고 어떻게 변한 것인지 비결을 묻고 싶었다. 하지만 조개는 이미 자신과 비교할 수 없을 정도로 덩치가 커져버린 문어 옆에 가기조차 두려웠다.

“조개야. 우리 예전처럼 친구로 지내자.”

문어는 억센 다리 한 개를 조개에게 내밀며 악수를 청했다. 하지만 조개는 껍데기 안에서 자신의 초라한 팔을 꺼낼 용기조차 나지 않았다. 조개는 문어가 청한 악수를 등 뒤로 한 채 조용히 모래 속으로 숨어들어갔다. 그리고 다시는 문어를 찾지 않았다.

위 동화는 동화책에 나오는 것이 아니라 사실 내가 창작한 것이다. 내가 아주 오래전 미국 유학을 가려고 토플시험을 준비할 때였다. 하루는 독해공부를 위해 영문 서적을 읽고 있었는데, 그 문장은 미국의 해양생물학과 전문 서적에서 발췌된 내용이었다. 수십만 년 전 문어와 오징어 같은 연체동물들도 해부학적으로 조개처럼 껍데기(shell)가 있었다는 것이다. 그런데 그들은 그 껍데기를 벗어던져 버려 오히려 더 커지고(bigger), 더 빨라지고(faster), 더 강해졌다(stronger)고 한다. 긴 세월이 지난 지금 문어는 조개를 잡아먹는 포식자가 되었다는 것이다. 내가 사실 이 글을 읽은 것은 약 20여 년 전의 일이다. 수많은 영문서적을 읽었지만 유난히도 이글이 아직까지도 생생하게 기억나는 건 내가 생각해봐도 정말 신기한 일이다. 아마도 이 글이 나에게 어떤 강한 메시지를 남겼기 때문일 거라 생각된다. 이 글을 읽고 문어를 살펴보니 정말 문어의 생김새나 구조에서 어쩐지 예전에는 왠지 껍데기로 감싸져 있을 것 같은 느낌을 받았다.

몇 해 전 하루는 후배 변호사가 나를 찾아왔다. 그는 국내 최고 명문 법대를 졸업하고 대형로펌에 근무하는 아주 똑똑한 친구였는데 나에게 이렇게 고민을 털어놓았다.

"형, 지금 다니는 로펌 언제까지 다녀야할지 모르겠어요. 왠지 다람쥐 쳇바퀴 같은 삶이 뭔가 답답한 천정같이 느껴져요."

나는 그에게 위 문어와 조개 이야기를 들려줬다.

"너는 똑똑하고 야심찬 면도 있으니 네 사업을 고려해봐라. 네가 로펌에 몸담고 있다고 로펌이 널 영원히 지켜줄 거란 착각은 버려. 세상에 널 지켜줄 것은 너밖에 없어."

그것은 사실이다. 법률회사인 로펌은 일반 대기업과는 여러 면에서 구조적으로 차이가 있다. 예컨대 대기업에 취직하면 일정기간 동안 큰 잘못이 없으면 자리를 보장을 받을 수 있고 그 안에서 한 단계씩 승진도 한다. 하지만 로펌은 아무리 대형로펌이라고 해도 사건유치 실적이 저조하면 바로 도태(淘汰) 되기 쉽다. 뿐만 아니라 후배들이 치고 올라오면 그 안에서 버티는 것이 심리적으로 여간 어려운 일이 아니다.

내 얘기를 듣던 그 후배는 두 눈을 반짝거리면서 경청하고 있는 모습이 역력했다. 얼마 후 그 후배는 대형로펌에서 나와 본인의 작은 로펌을 만들었다. 그는 처음에는 여러 우여곡절을 겪으면서 힘들어 했지만, 지금은 자리를 잡고 매우 활기차게 자신의 사업에 매진하고 있다.

우리 주위에는 이와 비슷한 고민을 하는 사람들이 의외로 많은 것 같고, 내 주변에만 해도 여러 명이 있다. 하지만 만약 다른 누군가가 나에게 그 후배와 같은 질문을 한다면 나는 똑같은 대답을 하진 않을 거다. 왜냐하면 누군가는 문어처럼 강해지지 못하고 바로 큰 고기의 먹잇감으로 전락될 수도 있기 때문이다. 모든 사람들이 다 문어처럼 발전할 수는 없고, 때로는 누군가는 조개처럼 껍데기가 더 필요할 수도 있다. 아직 충분히 본인이 독립할 정도로 강해지지 못한 상태에서 막연한 기대와 꿈만으로 무모한 행동을 하는 것은 더욱 위험한 일이다.

얼마 전 '동물의 왕국'이라는 TV프로에서 독수리 얘기를 본 적이 있다. 새끼 독수리가 혼자서 비행하기 위해 수없이 많은 날갯짓을 하면서 여러 번 시행착오를 하고 있었다. 어미 새는 먼발치에서 새끼가 스스로 날 수 있게 응원만 하고 있다. 그 새끼 독수리는 무수한 날갯짓을 하면서 자신의 날개근육을 강하게 만들고 있었다. 한참 동안 날개를 퍼덕이던 녀석은 처음에는 제 자리에서 조금씩 뛰어오르더니 급기야는 어디론가 훨훨 날아가 버렸다. 파란 하늘을 가르는 녀석의 비행은 너무 멋지고 황홀한 장면이었다.

그렇다. 우리는 누구나 작고 느린 조개보다는 날쌔고 강한 문어를 원한다. 그리고 어미 새의 둥지에 영원히 안주하기보다는 혼자만의 힘으로 창공을 비상(飛翔)하기 원한다. 하지만 그러한 희망을 실제 현실로 만드는 일은 그리 녹녹하지 않다. 왜냐하면 현실은 의외로 냉정하고 차갑기 때문이다. 사실 현실에서는 살아남는 문어보다는 다른 물고기의 먹잇감이 되는 희생자가 훨씬 많을 것이다.

그럼 나는 왜 대형로펌 다니던 후배에게 서슴없이 문어가 되라고 권했을까? 나는 그를 오랫동안 지켜봐 왔는데, 그에게는 이미 혼자 날 수 있는 튼튼한 날개가 있다고 믿었기 때문이다. 만약 아직 그의 날개가 연약했다면 나는 결코 그에게 '문어와 조개' 얘기를 하지 않았을 것이다.

우리나라에는 하루에도 수많은 자영업자들이 사업을 시작하고, 또 그만큼의 수가 경영난으로 폐업한다고 한다. 세상 앞으로 나가면 다 성공할 것 같지만 오히려 정반대인 경우가 다반사이다. 그럼 왜 누구는 자립에 성공하는데 반해, 다른 누구는 실패하는 것일까? 그것은 그들이 독립만 하면 뭔가 다 저절로 잘 풀릴 거라는 막연한 기대감만으로 사업을 시작했기 때문이다.

사실 새로운 일에 도전하려면 제일 먼저 고려해야 할 요소가 자신이 그 일을 진정으로 좋아하고 즐길 수 있는가이다. 그리고 자신이 그 분야에 남들보다 재능이 있는지도 점검해야 한다. 요리사가 맛있는 음식을 만들려면 반드시 그에 합당하는 재료가 있어야 하듯이, 이러한 열정(passion)과 재능(talent) 없이 막연한 의욕(desire)이나 희망(hope)만 갖고 새로운 일에 뛰어드는 것은 무모한 도전일 뿐이다.

천재도 노력하는 사람을 이길 수 없다

그리고, 노력하는 사람은 즐기는 사람을 이길 수 없다

일을 즐기며 재능도 있는 자는 그렇지 못한 경쟁자들보다 일에 전념할 수 있고, 앞서 나갈 확률이 매우 높다. 이렇듯 열정과 재능이 있는 분야를 선택해야 하는데, 이를 수학공식으로 표현하면 다음과 같다.

열정(passion) + 재능(talent) > 의욕(desire) + 기대(hope)

한편, 자영업자가 사업에서 성공하기 위해서는 다음과 같이 구체적이며 현실적인 요소들이 필요하다.

첫째, 철저한 사전준비가 필요하다. 일단 남들보다 나은 경쟁력, 즉 자신만의 노하우나 기술이 필요하다. 어디서나 먹을 수 있는 치킨이나 김치찌개로 요식사업에서 대박을 낸다는 것은 처음부터 말이 되지 않는다. 대박을 내기 위해서는 먼저 조리법을 철저히 연구해서 다른 식당과 다른 뭔가 자신만의 독특한 맛을 내야만 한다. 그것이 큰 차이가 아니어도 상관없다. 100미터 달리기에서 1등과 2등의 차이는 정말 종이 한 장 차이일 뿐이지만 그 결과는 엄청나게 다르다. 서비스업에서의 승부는 손님들을 아주 조금만 더 기분 좋게 만들어주면 된다. 그것이 맛이나 분위기든, 저렴한 가격이든, 직원들의 친절함이든 어느 것이어도 좋다. 예전에 우리 동네에서 크게 성공한 식당이 있었는데 그 비결은 오직 '김치 맛' 하나였다.

둘째, 가게의 위치 즉 좋은 목이 대단히 중요하다. 예전에 어떤 의뢰인이 식당자리를 구하기 위해서 며칠 동안 한 자리를 지키고 서서 손님 수를 일일이 다 세었다는 얘기를 들은 적이 있었다. 반면 다른 의뢰인은 가게를 내놓은 사람의 말만 그대로 믿고 비싼 권리금을 주고 인수를 했다가 낭패를 보았다. 그 사람은 내게 이렇게 하소연했다.

"가게 주인이 평소 친하게 지내던 사람이라 그 사람의 말을 그대로 믿었습니다. 월 매출이 5천만 원이 넘는다고 자랑했어요. 그래서 대출을 받아도 충분히 이익이 남을 거라 믿고 권리금 수억 원을 주고 가게를 인수했는데 알고 보니 순 거짓말이었어요. 계약을 다시 무르고 싶어요."

설사 그 의뢰인의 말이 사실이라고 가정해도 가게를 넘긴 사람의 거짓말을 입증하기가 쉽지 않다. 왜냐하면 그 사람 역시 변명할 여지가 있기 때문이다. 예컨대,

"저는 열심히 해서 장사를 잘 했는데 가게 인수한 사람이 방만하게 운영하고 가게운영 노하우도 몰라 손님들이 줄어든 것입니다. 그 사람 탓이죠." 혹은 "제가 영업할 때는 경기가 좋았는데 그 뒤 금리인상, 유가상승 등 세계경기 지수가 안 좋아져 가게 인수하는 분이 운이 없었던 것이지 제가 거짓말 한 것은 아녜요."

등등 얼마든지 도망갈 구멍이 많다.

반면 철저한 분석을 통해 가게를 인수한 의뢰인은 이미 모든 것이 준비된 사람이었다. 그는 관심업종에 관해 철저한 분석과 노하우를 습득하고 어떤 가게의 목이 좋은 곳인지도 잘 알고 있었다. 그는 중개업자들의 달콤한 유혹에 넘어가지 않고 스스로 발품을 팔아 철저하

게 가게의 위치를 꼼꼼히 따져봤다.

두 대조적인 예를 보면서 우리는 어느 순간에 껍데기를 벗고 세상 밖으로 나아가야 하는지를 알 수 있게 된다. 사업에서 성공하는 일은 때로는 운이 따라야 하지만 그것은 방정식에서 '변수(變數)'에 불과하여 누구도 예측할 수 없다. 이에 반해 우리의 준비 자세는 방정식에서 '상수(常數)'에 해당된다. 우리는 사전에 철저한 준비를 해야만 둥지를 박차고 창공을 향해 날아가는 새끼 새의 날갯짓을 할 수 있다.

셋째, 자신을 도와줄 아군들이 필요하다. 아무리 똑똑한 사람이라고 해도 혼자서 할 수 있는 일은 그리 많지 않다. 유비에게 관우와 장비와 같은 용맹한 장수, 제갈량 같은 책사가 필요했듯이 우리에게도 그러한 아군들이 반드시 필요하다. 서양 속담에 '머리 두 개가 머리 한 개보다 낫다(Two heads are better than one)'라는 말이 있다. 사람들은 저마다의 고집이 있어 그 사고력에 한계가 있다. 그것은 머리가 아무리 좋아도 경험의 한계라는 틀이 있기 때문이다. 그래서 여러 사람들의 의견을 종합해보면 통상적으로 한 사람의 의견보다 현명한 결론에 도달하기 쉽다. 결국 사업에서 필수불가결한 요소는 '장수'와 '책사' 둘 다 필요하다는 것이다. 그런데 그러한 사람들을 자신의 사람으로 만들려면 반드시 리더십이 필요하다. 특별한 재능이 없던 유비가 용맹한 장수들과 당대 최고 천재인 제갈량을 이끌 수 있었던 것은 그에게 사람을 아끼는 어진 마음과 의리 그리고 남다른 결단력이 있어서였다. 이처럼 리더가 되려면 자신의 사람들에게 때로는 가족처럼 따뜻한 배려도 해야 하고, 동시에 차가운 이성과 결단력으로 그들을 이끌어야 한다. 오너가 그러한 리더십을 발휘할 때 그 사업은 이미 반은 성공한 것과 다름없다.

2. 두꺼운 낯짝

그럼 홀로서기를 위한 날갯짓을 위해 정말 필요한 덕목은 무엇일까? 성실함, 창의력, 추진력 등 여러 요소가 필요할 것이다. 하지만 나는 그런 추상적인 얘기를 별로 좋아하지 않는다. 인생의 대부분을 법조인으로 살아온 철저한 법률실무가답게 나는 보다 더 구체적이고, 피부에 팍 와 닿는 현실적 방안을 좋아한다. 나는 이러한 여러 요소를 아우를 수 있는 현실적인 비결은 '뻔뻔함'이라고 말하고 싶다. 뻔뻔함이라고 하면 우리는 대개 부정적인 뜻으로 받아들이기 쉽다. 즉 그것을 후안무치나 무례함과 같은 의미로 생각할 수 있다. 하지만 내가 얘기하려는 뻔뻔함이란 그런 부정적 의미가 아니라 '자신을 부끄러워하지 않는 당당함'을 뜻한다.

어떤 남자가 여자를 오랫동안 좋아했고 극진하게 대해줬다. 그 여자를 위해서 바쁜 와중에도 필요한 일을 도와주고, 말벗도 해주고, 생일날 선물도 챙겨주었다. 하지만 만약 그 남자가 정작 그녀에게 결정적 순간에 사랑 고백을 하지 못했다면 그것은 용기가 없어서일 것이다.

"혹시 내가 사랑고백을 했다가 거절당하면 어떻게 하지?"

이런 걱정 때문에 마침표를 찍지 못하고 만 것이다. 그 남자는 마치 수십 페이지 보고서를 작성해 놓고 마지막 '저장(save)' 버튼을 누르지 않아 파일 전체를 날려버리는 어리석음을 범한 것이다. 만약 그가 좀 더 뻔뻔했다면 어떠했을까?

"나는 당신을 사랑해. 나와 결혼해줘. 당신을 평생 행복하게 해줄 자신 있어."

이렇게 당당하게 고백했다면 어떠했을까? 다른 것은 몰라도 설사 처참하게 딱지를 맞았다고 해도 적어도 미련은 남지 않았을 것이다. 한국 사회에는 아직도 전통적인 유교의식이 내면 깊이 자리 잡고 있다. 그래서

"침묵은 금이요, 웅변은 은이다."

"나서지 마라. 모나면 정 맞는다."

"가만히 있으면 중간은 간다."

사람들은 이런 말들을 좋아하는 것 같다. 사실 조직사회에서 튀면 정 맞는 것이 어느 정도 현실이다. 하지만 본인의 진정한 꿈을 실현하고, 조직 속에 묻혀 존재감 없는 사람에서 탈피하려면 좀 더 당당해져야 한다. 내가 말한 '뻔뻔함'은 이러한 '내면적 당당함'을 말하는 것이다. 남의 돈을 빌려놓고 오리발 내미는 그런 파렴치한 뻔뻔함이 아니라, 자신의 꿈을 이루기 위해 부끄러움 없이 당당히 표현을 할 수 있는 그런 솔직함……. 이러한 솔직함은 결코 타인에게 불쾌감을 주지 않고 오히려 멋지다는 찬사와 갈채를 받을 것이다.

몇 해 전 우리나라 안방을 뜨겁게 달구었던 TV드라마가 있었다. 바로 원작 웹툰을 드라마로 만든 '이태원 클라쓰' 라는 드라마인데, 나는 이것을 두 번 이상 보았다. 배우들의 열연과 감미로운 OST들도 좋았지만, 무엇보다도 이 드라마 속에 나오는 인물들이 저마다 자신의 행복을 위해 처절하게 투쟁하는 장면들이 인상적이었다. 그중 특히

기억나는 장면을 하나 소개하고자 한다.

박새로이(박서준)가 운영하는 식당인 '단밤'의 주방장 마현이(이주영)가 요리대회 방송프로에 나갔을 때의 일이다. 당시 마현이는 출중한 요리 실력으로 승승장구하고 있었고 최종 3차 경연대회에서도 유력한 우승후보였다. 그러자 상대 경쟁사에서 이런 소문을 언론사에 퍼뜨렸다.

"마현이 주방장은 트랜스젠더(transgender)다."

경쟁사가 '단밤'을 꺾기 위해 그 요리사의 심기를 흐트러뜨리기 위해 나름대로의 필살기(?)를 사용한 것이다. 물론 그 방법이 다소 비열해 보였지만 현실적으로 충분히 있을법한 일이었다.

사람들은 수군거렸다.

"야 여기 출연자 트랜스젠더❖면……. 거기 수술한 거 맞지?"

"얼굴도 수술 했겠지?"

"야 징그러. 처음 봤다. 어쩐지 목소리가 좀 이상해……"

"어쩐지 칼질 하는 소리가 우렁차더라구."

마현이는 처음에는 당황했다. 하지만 주위에서 계속 자신의 뒷담화를 해대자 이내 수치심을 못 이기고 방송촬영 현장에서 뛰쳐나가 숨어버렸다. '단밤'의 오너 박새로이가 숨어있던 마현이를 찾아가 이렇게 위로해 주었다.

"네가 너인 것에 다른 사람을 납득시킬 필요 없어."

❖ 원래 신체적 성별과 정신적 · 사회적 성별이 일치하지 않는 사람을 모두 통틀어 지칭하는 말인데, 이 드라마에서는 육체적으로 남성이었던 사람이 성전환 수술을 받아 여성으로 변한 경우임.

마현이는 그만 참았던 울음을 터뜨렸다.

이어 '단밤'의 매니저 조이서(김다미)가 제주도에서 마현이에게 전화로 시 한 편을 들려주었다.

나는 돌덩이
뜨겁게 지져봐라
나는 움직이지 않는 돌덩이
거세게 때려봐라
나는 단단한 돌덩이
깊은 어둠에 가둬봐라
나는 홀로 빛나는 돌덩이
부서지고 재가 되고 썩어버리는
섭리마저 거부하리.
살아남은 나
나는 다이아

마현이는 이러한 주위의 응원 덕에 다시 용기를 내어 촬영장에 나타나서 당당하게 자신의 포부를 외쳤다.

"단밤 요리사 마현이 저는 트랜스젠더입니다. 그리고 오늘 저는 우승하겠습니다."

사회자가 마현이에게 이렇게 되묻는다.

"그럼 오늘 이 3차 경연이 자신을 증명하는 그런 무대가 되겠군요."

"증명?……"

마현이는 잠시 생각하다가 이렇게 말했다.

"내가 나인 것에 다른 사람의 납득은 필요 없습니다. 나를 단단하게 만드는 사람들. 그들에게 맛있는 음식으로 보답하겠다는 마음으로 이 자리에 서 있습니다."

그리고 결국 그녀는 3차 경연대회에서 당당하게 우승을 한다. 이 드라마에서 가장 멋진 장면으로 기억되는 순간이다. 나는 이 장면을 보면서 머리부터 발끝까지 강한 전율을 느꼈다. 온 몸에 닭살이 돋으면서 마치 전기충격기로 후두부를 강타당한 것과 같은 충격 그 자체였다.

"아 정말 우리는 얼마나 다른 사람의 시선과 편견 때문에 자신을 속이고 또 숨기면서 살아왔던가……"

"우리는 서로에게 고정관념과 편견으로 올가미를 씌워온 것은 아닐까?"

그리고…….

"많은 사람들이 그 올가미 속에서 고통을 받으며 자신을 숨기려고 하지 않았을까?"

"내가 나인데 그걸 어쩌라고……"

"내가 이렇게 태어났고, 이렇게 살아가는데 니들이 나에게 뭐 보태준 것 있어?"

정말 이런 얘기를 하고 싶어졌다. 나는 결코 '트랜스젠더'라는 '개인적 성적 취향'에 관한 얘기를 하려는 것이 아니다.

다만…….

우리 모두 누구나 남들 앞에 솔직하게 말하기 힘든 부분이 조금씩은 있을 것이다. 그것이 무엇이든 우리는 당당해져야 한다는 것을 말하고 싶은 것이다. 자신의 생각이 남들과 다르다고 해서 틀린 것은 아니다.

우리는 흔히 '다르다'는 말과 '틀리다'는 말을 혼용해서 사용한다.

"내 생각은 네 의견과 틀려."

영어로 치면 '다르다'는 'different' 이고, '틀리다'는 'wrong'이다. 분명 구분되어야 한다.

"내 생각은 네 의견과 달라."

이것이 맞는 표현이다. 즉 내가 남들과 다르다는 것이 곧 틀리다는 것은 아니다. 설사 지금 당장 내 생각이 남들의 눈에는 틀리게 보일지 몰라도 언젠가는 내가 옳을 수도 있기 때문이다.

17세기(1630년 경)만 해도 사람들은 '지구가 세상의 중심에 있고 태양이 지구 주위를 돈다.'는 <천동설>을 강하게 믿었다. 그 무렵 교회당국에서 천동설을 교리로 내세워 코페르니쿠스의 <지동설>을 엄격히 금지하던 시절이었기 때문이다. 이러한 엄혹한 시기에 이탈리아 천문학자 갈릴레오(Galileo)는 <두 가지 주된 우주체계에 관한 대화>라는 책을 출판하였는데 그 안에서 그는 지동설, 즉 '지구가 태양의 주위를 돈다.'는 메시지를 담았다. 이 일로 인해 갈릴레오는 종교재판에 회부되어 죽음의 위협에 직면하게 되었다.

지금 돌이켜 보면 갈릴레오는 선각자였다. 남들이 잘못 알고 있는 것을 과학적으로 분석하여 진리를 얘기하려 한 것이다. 다른 사람들이 어떻게 자신을 바라보든 아랑곳 않고 용감하고 당당하게 세상과 맞선 것이다. 갈릴레오의 주장은 당시 사람들과 생각이 달랐던 것이지 틀렸던 것이 아니다. 오히려 그의 주장이 옳은 진실이라는 것이 후세에 밝혀졌다.

세상에서 성공하려면 남들보다 앞서 나가야 하고, 그러기 위해서는 남들이 갖지 못하는 무기가 필요하다. 나는 그 무기 중 가장 필요한 것이 바로 이렇게 위풍당당한 '뻔뻔함'이라고 생각한다. 자신의 의견이 남들과 다르고, 설사 당장의 처지가 남들보다 못하더라도 당당하게 그 사실을 얘기할 수 있는 용기, 그것은 아무나 가질 수 없는 것이다. 뻔뻔할 정도로 당당할 때 주위 사람들은 당신을 결코 욕하지 못하고 오히려 존경하게 될 것이다.

3. 오픈 마인드

그럼 이러한 뻔뻔함을 갖기 위해서는 또 어떤 것이 필요할까? 많은 사람들이 이런 고민을 한다.

"난 천성이 부끄러움을 많이 타서 뻔뻔해지거나 당당하게 내 의사표현을 하기 힘들어요."

"난 트리플 A형인가 봐요."

나는 이렇게 고민하는 사람들에게 오픈 마인드(open mind)를 권하고 싶다. 즉 고정관념에서 벗어나 마음을 열고 바라보라는 뜻이다.

공자가 이런 말을 했다.

"세 사람이 걸어가면 반드시 그 중 하나는 당신의 스승이다(三人行 必有我師)."

그렇다. 우리는 주위 사람들에게 많은 정보를 얻게 된다. 물론 인터넷을 통해 지식정보를 얻는 것도 중요하지만, 주위 사람들과 대화 속에서 나에게 필요한 맞춤형 정보를 얻는 것은 더욱 피부에 와 닿는다. 보통 사람들은 자신보다 열등해 보이는 사람들의 말을 무시한다. 하지만 우리는 때때로 나이 어린 사람이나 덜 배운 사람에게도 큰 깨우침을 얻을 수 있다. 자동차를 몰고 모르는 길을 가야 하는 초행길에는 반드시 내비게이션이 필요하다. 그렇지 않으면 많은 시행착오를 겪게 되고 결국 휘발유가 떨어져버려 중도하차 해야 한다. 그러한 내비게이션 역할을 하는 것이 바로 '정보'이다. 정보는 책이나 인터넷 속에서도 얻을 수 있지만 타인의 생생한 체험담이야 말로 피부에 와 닿는 살아있는 정보이다. 우리는 성공한 사람으로부터 그 성공비결을 배울 수 있지만, 나아가 실패한 사람의 경험 속에서도 반면교사(反面教師)의 지혜를 얻을 수도 있다. 그러기 위해서는 나 자신을 비워버리는 오픈 마인드 자세가 필요하다.

"내가 너보다 더 많이 배웠는데."

"내가 너보다 머리가 좋은데."

"내가 너보다 나이나 인생경험이 훨씬 많은데 어디 건방지게."

이러한 고정관념을 과감히 떨쳐버려야 한다.

예전에 어떤 책에서 읽은 재밌는 대목이 떠오른다. 사실 오래전에 읽은 거라 그 책의 작가, 제목, 심지어는 내용도 정확하게 기억나지 않는다. 하지만 중요한 대목은 생생하게 기억하므로 그 부분을 소개하고자 한다.

미국의 어느 시골 마을에 한 노인이 길을 걷고 있었다.

"야! 여기 동전 두 개 있는데 그 중 한 개를 골라봐. 너 줄게."

개구쟁이 같이 생긴 한 남자애가 자기 또래의 순진해 보이는 남자애에게 동전 두 개를 내놓았다. 한 개는 5센트. 다른 한 개는 10센트짜리 동전이었다. 그러자 그 순진남은 주저 없이 5센트짜리 동전을 집어 들어 자기 주머니에 넣었다.

"하! 하! 하! 야 이 바보야! 넌 머리가 정말 돌대가리구나."

개구쟁이와 같은 패거리로 보이는 아이 여러 명이 모두 그 순진남을 함께 놀렸다.

"깔깔깔. 멍청한 놈 !"

"나 같으면 10센트 동전을 잡았을 텐데……. 낄낄낄."

그렇게 한 패거리는 순진남을 한껏 놀려 만족했는지 득의에 찬 미소를 지으면서 그 자리를 떠났다.

"얘야. 넌 5센트가 10센트보다 적은 돈이라는 것을 모르니?"

이를 곁에서 지켜보던 노인은 순진남에게 다가가 물었다.

"아뇨. 10센트가 5센트보다 두 배의 가치가 있다는 걸 잘 알아요."

순진남은 노인을 물끄러미 바라보며 천연덕스럽게 대답했다.

"그런데 왜 넌 어리석게 10센트 동전이 아닌 5센트 동전을 잡은 거니?"

노인은 도무지 어린 꼬마의 답이 이해가 안 되었다.

"할아버지. 만약 제가 10센트 동전을 가져가면 그 애들이 저에게 이런 장난을 다시는 안할 거 아녜요. 호호호, 그럼 저는 다시는 동전을 공짜로 얻지 못하잖아요."

노인은 그때서야 순진해 보이는 어린 아이가 자신보다 더 현명하다는 걸 깨우쳤다.

"아! 이 어린 아이가 사실 그 패거리들을 갖고 놀은 거구나. 참 똑똑한 녀석이네."

나중에 그 어린 아이는 미국의 대통령이 되었다고 한다. 솔직히 오래 전에 읽은 책이라 그 대통령의 이름은 기억나지 않는다. 이 일화에서 알 수 있듯이 우리는 때로는 어린 아이에게도 큰 깨우침을 얻게 된다. 어린 아이라고 무시했다가는 나중에 큰 코 다칠 수도 있다. 특히 때로는 키우는 자식들 앞에서 낯이 뜨거워지는 경우도 있다. 맨 날 철부지 어린 아이로만 알았던 자녀들에게 정문의 일침(頂門一針)을 당할 때 정말 '허걱!' 하고 놀라게 된다. 어린 자식들 역시 잘 표현을 안 하지만 저마다의 판단을 하고 무엇이 옳고 그른지 다 알고 있다. 그리고 마음속으로 부모가 하는 행동의 잘잘못을 평가하기도 한다.

그러므로 우리 모두 마음을 열고 다른 사람의 말이나 행동으로부터 뭔가를 배울 자세를 가져야 한다. 그 다른 이가 심지어 어린 아이라도 말이다. 그러한 열린 자세가 있으면 주위에서 많은 정보를 대할 때 스펀지처럼 빨아들여 자신의 것으로 만들 수 있다. 그러한 간접경험은 시행착오를 줄일 수 있는 지름길이 된다.

나 역시 요즘 젊은이들로부터 지혜를 많이 배운다. 그들이 비록 나보다 어리고 세상경험이 부족하지만, 내게 정지 되어버린 창의성이 샘솟고 있음을 느낀다.

"아 이래서 나이가 들면 머리가 굳는다고 하나?"

이러한 탄식을 가끔 한다. 젊음은 정말 돈으로 살 수 없는 소중한 자산인 것 같다. 우리사회가 이러한 세대 간의 장점을 잘 조화롭게 활용할 수 있다면 더욱 건강하고 발전적인 방향으로 가게 될 것이다.

4. 자전거의 지혜

나는 어린 시절 자전거를 처음 배울 때 너무 신기했다. 어떻게 두 발 자전거가 넘어지지 않고 달릴 수 있을까? 페달을 밟지 않으면 바로 넘어지는데 말이다. 자전거가 넘어지지 않게 하려면 우리는 계속 페달을 밟아야 한다. 우리가 무언가를 하나 이뤘을 때 자만하기 쉽다. 그 동안의 노력에 대한 대가를 보상받고 이를 즐기고 싶어 한다. 하지만 그렇게 자만에 빠져버리면 더 이상의 발전은 없고, 머지않아 잠시의 성공은 추억으로 퇴색되어 버린다.

'걷지 않는 자는 전진할 수 없다'라는 말이 있다. 하지만 나는 더 나아가 이런 말을 하고 싶다.

천천히 걷는 자는
더 빨리 걷는 자가 보기에는
후퇴하고 있는 것이다

우리는 누구나 자신의 꿈을 향해 매일 뭔가를 하려고 한다. 하지만 왜 누구는 앞서가고 누구는 뒤쳐질까? 그것은 걷는 속도와 요령의 차이에서 오는 결과이다. 결국 남들보다 빨리 그리고 올바른 방향으로 나아가야 목표점에 먼저 도착한다.

두 점 사이의 최단 거리는 오직 직선만이 존재한다.

이 말은 내가 과거 사법시험을 공부할 때 누군가의 합격기에서 읽은 구절이다. 즉 우리가 '성공'이라는 목표점에 효율적으로 도달하려면 정확하게 측량된 최단거리로 직진해야 한다. 마치 유도 미사일이 정확히 계측된 프로그램에 의해 한 치의 오차 없이 목표점에 명중되듯이 말이다.

자전거는 똑바로 달릴 때 가장 속력이 빨라진다. '갈지(之)' 자로 왔다 갔다 하게 되면 속력을 낼 수 없고 자칫 잘못하다가는 넘어지게 된다. 사업도 마찬가지이다. 어느 한가지의 목표를 달성하게 되면 바로 경쟁자들이 달라붙게 된다. 처음에는 '블루오션(blue ocean)'이었는데 그것을 즐길 시간도 없이 조만간 바로 '레드오션(red ocean)'이 되어 버린다. 경쟁사회에서 너무나 당연한 결과이다. 누군가 먼저 성공하면 이를 지켜본 다른 이도 성공한 사람의 사업모델을 바로 벤치마킹(benchmarking)을 한다. 때로는 후발주자가 오히려 새로운 버전으로 업그레이드 하여 선발주자를 앞지르는 경우도 있다. 그렇게 되면 선발주자의 그 간의 노력은 하루아침에 모두 물거품이 되어 버린다. 한마디로 '죽 쒀서 개 주는 꼴'이 되는 것. 미국에서 자동차를 처음 만들었지만 일본이 그것을 모방하고 개량하여 미국자동차를 따라잡았듯이 말이다.

내 경우도 비슷하였다. 내가 미국유학을 마치고 2010년 여름 귀국했을 때는 이미 한국의 변호사 시장이 하락세로 접어들고 있었다. 그때 나는 미국 노스웨스턴(Northwestern) 로스쿨을 졸업하고 뉴욕주 변호사 자격을 막 취득한 뒤였다. 그런데 내가 귀국하기 직전, 내 친구들은 나에게 한국 법조시장이 예전 같지 않으니 차라리 외국계 회사에 취직하라고 권유하였다.

“넌 영어가 되고 미국 변호사 자격도 있으니 그냥 안전하게 미국 회사에 취직해라. 한국 변호사 시장 지금 엉망이야. 아마 날이 갈수록 더 심해질 거야.”

주위의 지인들이 대개 이런 우려를 했다. 사실 나 역시 그런 얘기를 듣고 잠시 망설였다.

“정말 한국에 가서 변호사 사무실 열었다가 적자 나는 거 아냐?”

두려움이 엄습해 왔다. 그래서 나는 실제로 글로벌 회사와 영어로 전화 면접을 하였고, 그 회사에서는 나와의 면접을 대단히 만족했다. 그들은 내게 비지니스석 비행기표를 보내 줄 테니 당장 미국 미시건(Michigan)에 있는 본사로 와달라고 요청하였다. 그것은 사실상 합격의 통보나 다름없었다. 하지만 여러 고민 끝에 나는 결국 한국으로 돌아와 서초동에 사무실을 오픈하였다.

처음에는 정말 모든 게 막막했다. 3~4년을 외국 생활을 한 공백기 때문에, 나는 이미 지인들의 기억에서 잊혀져 있었고, 검사 옷 벗은 지도 한 참이 흐른 시점이라 뭐 하나 기댈 곳이 없었다. 당시 나는 검사 출신이라고 형사사건에만 집중하면 나 스스로 업무 영역을 좁히는 거라 생각했다. 나아가 설사 소송에서 이겨도 집행을 모르면 반쪽짜리 변호사나 다름없다고 느껴졌다.

“승소판결문도 실제 집행을 못하면 휴지조각에 불과하다. 결국 의뢰인에게 판결문이 아니라 돈을 안겨줘야 한다.”

이런 생각이 들면서 나는 보전처분과 집행 분야에 관심을 갖기 시작하였다.

"그래 이제는 본격적으로 민사, 그중 부동산과 채권 집행 분야를 파야지."

그 때부터 나는 매일 밤늦게까지 사무실에 남아 민사, 보전·집행, 건설 등 부동산 관련 서적과 판례를 공부하기 시작했다. 나는 정말 과거 사법시험 공부할 때처럼 맹렬히 파고들었는데, 돌이켜 보니 살아남기 위한 지난(至難)한 몸부림이었다. 그 결과 여러 민사와 기업분쟁 사건에서 승소를 하는 확률이 높아갔고 나는 더욱 용기가 났다. 그러던 중 어느 변호사 광고 회사로부터 연락을 받았다.

"블러그 광고 한 번 안 해보실래요?"

지금은 변호사 인터넷 광고가 흔하지만 당시만 해도 아주 어색한 분위기였다.

"그래 사건 유치를 위해 불법적으로 외근사무장❖을 쓰는 것보다 합법적으로 나를 광고하자."

나는 흔쾌히 승낙하고 유료 블러그 광고를 시작했다. 결과는 대성공이었다. 남들은 사건이 없다고 아우성이었는데 나에게는 사건이 쏟아져 들어왔다. 많은 사건들을 접하다 보니 자연스럽게 실력도 일취월장(日就月將) 했다. 하지만 그러한 호사(好事)는 그리 오래 가지 못했다. 곧 다른 변호사들이 블러그 광고시장에 뛰어들었다. 나에 대한 검색결과는 날이 갈수록 후순위로 밀리기 시작하더니 이내 잘 보이지도 않게 되어버린 것이다. 그렇다고 거액의 광고비를 들여 '파워링크' 광고까지 하기는 싫었다. 그것은 누군가 인터넷에서 키워드로 내 블

❖ 변호사가 외근사무장을 통해 사건유치를 한 뒤 그에게 일정비율의 소개비를 주는 것은 변호사법에 의해 금지되어 있다.

러그를 누르면, 적게는 수 천원에서 많게는 수 만원이 바로 빠져나가는 정말 비싼 광고였기 때문이다. 그렇게 되면 결국 변호사들 간에 출혈경쟁이 되어 그 부담은 고스란히 고객들에게 전가될 것이 뻔했다. 나는 "이 난국을 어떻게 헤쳐 나갈까?" 하고 오랜 시간 고민을 하던 중 한 가지 묘안을 찾았다. 인터넷 키워드를 치면 하단에 <책> 란이 있는데, 그 곳에는 한 두 변호사의 책만 게재되는 것을 우연히 발견한 것이다. 블루오션(blue ocean)이었다.

"아! 이것이다. 책을 쓰자."

"블러그는 돈만 주면 아무나 만들 수 있지만, 전문서적은 아무나 쓰지 못하니 레드오션이 안 될 거야."

게다가 나는 책을 쓰게 되면 자료를 정리하면서 자연스럽게 실력도 늘 것이고, 나아가 인터넷 광고비 없이 세련된 광고도 가능하니 정말 일석이조(一石二鳥)라 믿었다. 그 때부터 나는 부동산 관련 서적을 집필하였는데 1년 가까운 기간 동안 각고의 노력 끝에 2015년 9월 드디어 <핵심부동산 분쟁>이라는 제목의 부동산 전문서적을 펴낼 수 있었다. 출판사도 법서(法書)를 가장 많이 발간하여 법조계에서는 널리 알려진 회사였는데, 저자에 대한 예우도 나쁘지 않았다. 출판사로부터 인쇄된 책을 처음 받아 본 순간, 나는 너무 기뻐 가슴이 벅차올랐다.

나는 이듬해인 2016년 1월 연이어 <성범죄 · 성매매 · 성희롱>이라는 제목의 성범죄에 관한 형사 전문서적을 펴냈다. 처음보다 책 쓰는 요령도 늘어서인지 훨씬 기간을 단축해 빨리 책을 펴낼 수 있었다. 그 책들은 인터넷 관련 검색을 하면 바로 상단에 떴고, 이를 보고 찾아오는 고객들이 하나 둘 늘기 시작하였다. 그 후 나는 2018년 1월 옴니버스(omnibus)식 종합판인 ＜생활법률 Q&A＞까지 펴내는 쾌거를 거두었다. 이 책은 민사, 부동산, 친족 · 상속, 보전 · 집행, 세무 · 행정, 형사, 성범죄 등 거의 전 분야를 아우르는 사례별 해설집인데, 단답식이라 그런지 인기가 많아 몇몇 대학에서 생활법률 교재로도 사용되고 있다. 한편 그런 와중에 나는 ＜TV로펌 법대법＞, ＜SBS 부동산 따라잡기＞, ＜강적들＞ 등 유명 TV프로에도 다수 출연하여 대중들에게 다가설 수 있는 행운도 얻게 되었다.

지금 생각해 보면 정말 정신없이 달려온 나날들이다. 중간중간 힘에 벅차 주저앉고 싶기도 했지만, 나는 멈추면 넘어질 것 같아 계속해 페달을 밟았다. 내가 솔직히 대단한 성공을 거둔 것은 아니지만, 그래도 찬바람이 부는 어려운 법조시장 속에서 적자를 내지 않고 작은 로펌이나마 큰 어려움 없이 이끌어온 것만 해도 감사할 따름이다. 본의 아니게 제 자랑을 한 것 같아 쑥스럽긴 하지만, 내가 정작 얘기하고 싶은 것은 절대로 중간에 만족하거나 지쳐 멈춰서면 안 된다는 점이다. 사업의 성패에는 먼저 시작하는 것보다 그것을 끝까지 유지 · 관리하면서 남들보다 반박자 빨리 가는 것이 더욱 중요하다. 마치 권투에서 반박자 빨리 펀치를 뻗는 선수가 이기듯이 말이다. 그러기 위해서는 결코 중간에 자만하거나 지쳐서 멈추면 안 된다. 계속 페달을 밟아야만 치열한 경쟁사회에서 살아남을 수 있다.

5. 자기 PR의 중요성

지금은 자기 PR의 시대이다. 로펌에 입사원서를 내는 로스쿨 졸업생들의 자기소개서를 보면 대부분 자기 자랑 일색이다. 그런데 자기소개서에 단점을 쓰는 난이 있어 그런지 때로는 자신의 단점을 적나라하게 쓰는 경우도 있다. 그들은 그것이 아마 솔직하다고 생각하는 것 같다. 그리고 그러한 솔직함이 채용하는 사람들에게 무한 신뢰를 줘서 좋은 결과로 나타날 거라 믿는 듯 했다. 하지만 그것은 대단한 착각이다. 우리가 시험공부를 할 때 채점자의 심정으로 공부를 해야 효율적이듯, 취준생들은 인사권자의 입장에서 자신을 바라봐야 한다. 예컨대 어떤 취준생이 자소서에 자신의 단점으로,

"저는 지나치게 소심하여 남들 앞에서 제 의견을 피력하지 못하는 편입니다", "저는 술을 무척 좋아해 매일 음주가무를 즐깁니다."

"저는 연애를 무척 잘해 여자친구가 잠시도 없었던 적이 없습니다."

"저는 권태감을 빨리 느껴 직장을 여러 번 옮겼습니다."

이러한 내용들을 썼다고 가정해보자. 어쩌면 인사권자는 이런 자소서가 담긴 이력서를 바로 휴지통으로 던져버릴지도 모른다. 그 이유가 뭘까?

"나는 솔직하게 내 단점을 있는 그래도 썼는데 왜 온갖 미사여구를 써서 자기 자랑만 하는 사람들만 채용할까?"

이런 고민에 빠진 사람들도 있을 것이다. 하지만 실제로 인사권자 입장에서는 수많은 이력서들 중 뭔가 하자가 있어 보이는 이력서

를 일단 배제하게 된다. 그런데 지나치게 솔직하게 자신의 단점을 얘기하는 것은 사업가들의 입장에서 볼 때 마치 '자사 회사제품의 단점까지 고객에게 알려주는 어리석음'으로 비춰질 수 있다. 그리고 사람 사이의 만남에서는 첫인상이 대단히 중요한데, 단점이 부각되어 보이면 좋게 보일 리 없다. 그래서 인사권자는 그러한 사람을 채용하는데 주저하게 된다.

그런데 자기소개서에 단점을 쓰라고 하는데 "저는 단점이 없습니다." 이렇게 쓸 수는 없지 않나? 그렇다면 도대체 어떻게 자소서 '단점' 란을 채울 수 있을까? 그 해답을 말하자면, 자신의 장점을 마치 단점인 것처럼 바꿔 쓰는 것이 요령이다. 예컨대,

"저의 단점은 지나치게 꼼꼼한 성격 때문에 때로는 남들보다 일하는 속도가 늦을 수도 있습니다. 하지만 실수는 남들보다 적은 편입니다"

"저의 단점은 주량이 매우 강해 술자리를 가지면 과음하는 편입니다. 하지만 술자리에서 분위기를 잘 띄우는 편입니다."

"저의 단점은 연애를 좋아해서 혼자 있으면 외로움을 많이 타는 편입니다. 하지만 이성에게 매력이 있는 저의 장점을 귀사를 위한 영업활동에 쏟을 각오가 되어 있습니다."

"저의 단점은 남들보다 회사를 자주 이직하였습니다. 하지만 그동안 저는 제가 진정 뼈를 묻을 가치가 있는 회사를 찾아 헤매었습니다. 만약 귀사의 일원이 된다면 여기서 제 모든 걸 걸고 싶습니다."

요즘은 기업은 물론 개인들도 자신 PR을 위해 다양한 방법을 쓰

고 있다. 이제는 홈페이지, 블러그, 유투브 광고 정도는 어디 가서 명함도 못 내민다. 또한 페이스북, 인스타그램, 트위터 등 SNS를 통해 자기를 알리는 일도 너무 흔한 일이 되어 버렸다. 나는 이렇듯 온라인 광고들이 넘쳐나는 세상에서는 오히려 오프라인 광고를 양념처럼 가미하는 것도 신선할 수 있다고 생각한다. 즉 온라인 광고를 주로 하면서 부수적으로 오프라인 광고를 곁들인다면 금상첨화이다. 그렇다면 오프라인 광고로는 무엇이 좋을까? 앞서 나의 개인사를 얘기할 때 잠시 말했지만, 내가 권하고 싶은 홍보방법은 책을 한 번 써보는 것이다. 다들 책이라고 하면 어렵고 거창하게 느껴질 수 있다. 하지만 그냥 담담하게 자기가 생각하고 느끼는 바를 일기처럼 써내려가도 무방하다. 때로는 이미 블러그나 SNS에 무심코 쓴 내용들을 모아서 책을 내보는 것도 가능할 것이다. 설사 그 책이 대중에게 많이 팔리지 않는다 해도 상관없다. 어쨌든 저자가 된다는 것은 무척 흥미롭고 자랑스러운 일이다. 나중에 그 책을 주위에 선물용으로 사용해도 좋은데, 아마 다른 어떤 선물보다도 상대방에게 좋은 인상을 심어줄 것이다.

한 예로, 일본 번화가 긴자에서 회원제 클럽 '후타고야'를 개업해 운영하는 마스이 사쿠라(ますい さくら)는 술집에서 손님을 접대하면서 느낀 바를 책으로 저술하였는데, 현재는 세계적인 여류작가가 되었다. 그녀는 주로 손님들 중 성공한 사람과 실패한 사람의 차이점에 관하여 글을 썼는데 대표적 작품으로는 ＜긴자마담이 이야기하는 성공하는 남자의 화술＞, ＜성공하는 남자, 성공 못하는 남자＞, ＜상처받지 않고는 살아갈 수 없다＞ 등이 있다.

그런데 이렇듯 책을 쓰려면 평소 자신의 생각이나 인상 깊은 문구, 유익한 정보 등을 정리해 놓아야 한다. 이러한 데이터베이스(DB)가 쌓이면 책을 쓰기가 훨씬 수월해지고 시간도 절약된다. 그리고 평소 이렇게 정리하는 습관이 들여지면 다른 일에도 많은 도움이 된다. 어찌됐든 어떤 방법으로든 자신을 적극적으로 홍보하는 일은 절대로 부끄럽거나 무의미한 일이 아니다.

나는 몇 년 전 우연히 '행복을 찾아서(The Pursuit Of Happyness)'란 영화를 보았는데 너무 감동적인 내용이라 아직도 그 장면들이 뇌리에 남아 있다. 영화는 '크리스 가드너(Chris Gardner)' 라는 흑인 사업가의 실화를 바탕으로 한 내용이었는데 감동적 스토리의 명작이다. 할리우드 유명배우 '윌 스미스'와 그의 실제 아들 '제이든 스미스'가 함께 해 시선을 모았던 작품이기도 하다.

1981년 미국 샌프란시스코, 한물 간 의료기기(휴대용 골밀도 스캐너)를 판매하는 세일즈맨 크리스(윌 스미스)는 물건을 팔기 위해 매일 최선을 다하지만 매번 실패한다. 그의 외판원으로서의 처절한 노력은 그의 인생을 바꾸기에 충분한 최선은 아니었다. 왜냐하면 그의 사업 모델은 처음부터 잘못된 선택이었기에 아무리 발버둥 쳐도 이미 결과는 예견된 일이었기 때문이다. 결국 사정이 안 좋아지자 아내까지 집을 떠나고, 그는 어린 아들과 함께 길거리로 나앉는 신세로 전락한다. 비가 추적추적 내리는 어느 날 아내 '린다'가 가난을 참지 못해 집을 나가버렸는데, 그 장면에서 크리스는 절망의 순간을 이렇게 혼잣말로 표현한다.

토머스 제퍼슨 대통령이 그 때부터 자꾸 떠올랐다.

그는 미국독립선언문에서 인간에게 주어진 권리 중에 자유와 행복 추구권이 있다고 했지.

나는 이런 생각이 들었다.

행복을 추구해야하는 걸 제퍼슨은 어떻게 알았을까?

아마도 행복은 늘 쫓아 다녀야 할 대상일 뿐,

절대 잡히지 않는 건지도 모르겠다.

제퍼슨은 그걸 어떻게 알았을까?

이 영화의 원 제목이 'The Pursuit Of Happyness' 인데 자세히 살펴보면 철자가 틀렸다. 원래 'Happiness'가 올바른데, 영화감독은 의도적으로 'Happyness'로 적은 것이다. 영화 속 크리스의 아들이 다니는 보육원은 가난한 아이들을 봐주는 허름한 곳이었는데, 아이 중 하나가 그 곳 담벼락에 'Happyness'라고 낙서를 한 것이다. 가난한 사람들에게 행복이란 이처럼 실제로 존재하지 않는 허구, 즉 꿈처럼 쫓기만 하는 신기루에 불과하다는 자조(自嘲)적인 메시지를 함축하는 장면으로 보였다. 그리고 아내를 잃은 크리스가 혼자 읊조린 위 독백 내용 역시 같은 메시지를 전달하고 있다.

아내로부터 버림받은 크리스는 크게 낙담하였지만 하나뿐인 아들 크리스토퍼(제이든 스미스)를 위해 반드시 살아남아야 했다. 그러한 그에게 인생 마지막 기회가 다가온다. 수 십대 일의 엄청난 경쟁 속에서 주식 중개회사 <딘 워터>의 정직원(stock broker)이 되는 기회가 주어졌다. 6개월간 월급도 없는 인턴 생활을 하면서 그는 더 나은 미래를 위해 실낱같은 희망을 끝까지 놓지 않고 도전한다.

이 영화에서 크리스는 자신을 PR하기 위해 그가 할 수 있는 모든 짓을 다한다. 인턴자리를 따내려고 한 달 넘게 ＜딘 워터＞ 회사 앞에서 인사권자 '제이 트위스'를 기다리면서 집요하게 자신을 알렸고, 심지어는 택시 안에서는 제이가 보는 앞에서 당시 유행한 '큐브'를 맞춰 강한 인상을 심어주기도 했다. 인턴을 뽑는 면접장소에서 고졸학력에 불과한 크리스는 이렇게 말한다.

"이것만 말씀드리죠. 전 이런 사람입니다. 질문을 받았는데 답을 모르면 전 모른다고 얘기하죠. 대신 답을 찾는 방법을 아니까 반드시 답을 찾을 겁니다. 이 정도면 됩니까?"

인턴이 된 뒤 크리스는 고객들에게 자신을 알리기 위해 수많은 전화통화와 상담을 하였다. 심지어 그는 시간을 절약하기 위해 수화기를 한 손에서 놓지 않았고, 화장실 갈 시간을 아끼기 위해 물도 거의 안마셨다. 지금과 달리 그 시대에 할 수 있는 가장 효과적인 홍보방법은 전화통화밖에 없었을 것이다. 부자고객과의 약속을 지키려 그의 저택까지 찾아가는 열의도 보였다. 그에게 창피함은 이미 사치스런 감정에 불과하였다. 돈도 없고 집도 없는 상황에서 그는 지하철 화장실 바닥에서 몰래 어린 아들과 함께 새우잠을 자야만 했다. 어린 아들을 재운 뒤 그는 자신의 처지가 너무 비참하게 느껴져 조용히 흐느껴 울었다. 어느 날 그는 낡은 건물옥상의 농구코트에서 자신의 아들 크리스토퍼에게 이런 말을 한다.

"누가 '넌 할 수 없다'라고 하면 마음에 담아두지 마. 심지어 아빠가 그래도……"

"꿈이 있다면 반드시 그걸 지켜야 돼."

"사람들은 자기가 못하면 남들도 못한다고 말하거든."

"하고 싶은 일이 있으면 끝까지 밀어붙여."

크리스는 비참한 현실 속에서 아들에게 이렇게 말했지만, 사실 그 말은 자기 자신에게 한 독백과도 같은 것이었다. 하루는 어린 크리스토퍼가 길을 걸으며 아빠에게 이렇게 말한다.

"어느 날 한 남자가 물에 빠졌어요. 배를 탄 사람이 도와준다고 했더니 신이 구해준다며 거절했대요. 또 다른 배가 와서 도와준다고 했는데 신을 기다린다고 거절했어요. 결국 그러다 하늘나라로 갔죠. 그가 하늘나라에서 '왜 안 구해줬냐'고 신에게 물었더니 신은 '배를 두 대나 보냈잖아.'라고 말했대요."

우리는 살면서 운 좋게 찾아온 기회를 여러 번 놓치기도 한다. 그것이 기회였다는 사실조차도 알지 못한 채 말이다. 기회라는 녀석은 앞에만 머리채가 있고 뒤에는 없다고 한다. 한 번 지나가버리면 다시 잡을 수 없다는 말이다. 기회가 기회인지도 모르고 놓칠 경우 다시 같은 기회가 오더라도 당신은 역시 놓칠 것이다. 그리고 그런 행운은 당신에게 계속해서 찾아오지 않는다.

나중에 크리스는 <딘 워터> 회사로부터 정직원으로 뽑혔다는 통보를 받고 바로 어린 아들에게 달려가 그를 꼭 부여안는다. 영화의 마지막 장면은 현재 크리스가 어마어마한 부자가 되었다는 자막으로 대미를 장식했다. 크리스 가드너는 그 후 1987년 자신의 회사인 <가드너리치>를 설립했고, 현재 <홀딩스 인터내셔널>의 최고경영자이다. 그는 자신의 힘들었던 과거를 잊지 않고 현재 많은 자선단체에 기부하는 선행을 베풀고 있다. 나는 이 영화를 통해 이런 것을 배웠다.

성공하려면 처음 선택을 할 때부터 최선을 다해야 한다.
잘못된 선택을 한 후 아무리 노력해 봐야,
결국 밑 빠진 독에 물을 붓는 것이다.

크리스가 처음 '의료기기 세일즈'를 선택한 것은 시대상황을 읽지 못한 잘못된 선택이었기에 그가 아무리 노력해도 안 되었던 것이다. 반면 '주식 브로커'라는 선택은 최선이었기에 그가 성공할 수 있었던 것이다. 우리 주위에는 영화 속 크리스가 의료기기 외판원을 하였을 때처럼 애초 잘못된 선택을 해 놓고 그것에 최선을 다하면서 발버둥치는 사람들이 많다. 그들은 자신의 처지를 비관하고 세상이 불공평하다고 불만을 털어놓는다.

"세상은 가진 자들만을 위한 불공평한 세상이야. 나 같은 사람들은 아무리 해도 안 돼."

"행복이란 우리 같은 흙수저들에게는 요원한 꿈같은 이야기지."

"우리 같이 가난한 사람들은 아무리 노력해도 한계가 있는 것 같아요."

"애초 신분상승은 불가능하죠. 지금도 현대판 신분제도가 있다고 생각해요."

하지만 그들이 정작 반성해야 할 점은 애당초 '자신의 선택'에서부터 과연 최선을 다 하였는가이다. 만약 그 선택이 잘못되었다면 지금이라도 자신이 다른 선택을 위해 변화를 시도하려고 노력했는지,

그러한 변화를 위해 자신은 모든 걸 걸고 인내하였는가를 점검해야 한다.

크리스 역시 처음에는 시행착오를 하였지만 이내 잘못된 선택이었음을 바로 깨우치고 새로운 선택을 위해 과감한 도전을 했다. 그러한 미지의 세계에 대한 도전이 정말 어려운 가시밭길이지만 그는 주저하지 않았다. 노숙자 시설에서도 그는 시험에 대비해 밤새 주식관련 서적을 공부하였다. 무엇보다 크리스 역시 어린 시절 아빠 없이 슬럼가에서 자라며 대학도 못간 오리지널 흙수저였다는 점이다. 하지만 그는 새로운 도전을 하였고, 자신을 홍보하기 위해 모든 것을 걸었기에 높은 신분의 벽을 허물고 도약할 수 있었다.

흙속의 진주는 한낱 돌멩이에 불과하다

그 진주가 세상 밖으로 나와 잘 닦여져 빛을 발할 때 비로소 영롱한 빛깔의 보석으로 다시 태어나는 것이다. 아무리 능력이 뛰어나도 자기PR을 할 기회를 갖지 못한다면 그 능력은 영원히 사장(死藏)되어 버릴 것이다.

6. 공짜 치즈

살다보면 우리는 온갖 달콤한 유혹에 노출되기 마련이다. 그 중 가장 무서운 유혹이 바로 요행이다. 요행이라는 것은 사실 공짜를 좋아하는 마음에서 시작된다. 흔히 주위에서 이런 말들을 많이 듣곤 한다.

"야. A 회사 주식 사 두면 바로 두 배로 뛴다."

"경기도 고양시 땅이 곧 개발된다고 하니 사두면 조만간 돈벼락 맞을 거야."

"내가 아는 사람 아빠가 알부자이고 어마어마한 재력가래. 게다가 그 사람이 외동아들이라지. 결혼하면 다 그 남자 것 되니 다른 것 보지 말고 조건만 보고 결혼해. 나중에 부잣집 며느리 돼서 편하게 살 수 있어."

이런 말들이 당장은 치명적인 유혹이며, 인간인 이상 이러한 유혹에서 자유롭기는 매우 어렵다. 하지만 이 세상에 공짜는 없다. 반드시 대가를 치러야만 얻을 수 있는 것이 세상이치이다. 만약 대가없이 뭔가를 얻을 수 있는 기회가 당신 앞에 놓여 진다면, 한번쯤 다시 생각해 봐야 한다. 자칫 잘못하다가는 상상하기 힘든 더 큰 대가를 치를 수도 있기 때문이다.

공짜 치즈는 쥐덫 위에만 있다

이 말은 너무나 유명한 러시아 속담이다. 이것은 공짜로 치즈를 먹으려다 목숨으로 그 대가를 치러야 한다는 무서운 경고이다. 나는 실제로 잘 나가는 사업가들이 한순간에 무일푼으로 전락되는 사건들을 수없이 지켜보았다. 그들의 공통점은 거의 다 쥐덫 위의 치즈를 욕심내다 당하는 경우였다. 그 중 특히 투자사기 사건이 많았다. 예컨대,

"너만 알고 있어! 내가 하는 사업이 곧 대박을 칠 건데, 지금 1억 원만 투자하면 6개월 안에 3배로 불려 줄께."

"곧 중국에서 큰돈이 들어오는 사업을 하고 있어. 그런데 지금 당장 중국에 샘플을 보내줘야 하는데 그걸 만드는데 급히 2억 원 정도 필요해. 돈 들어올 때까지 한 6개월만 쓸게. 이자는 월 10% 쳐줄 테니 빌려줘."

이런 식의 유혹을 해오면 많은 이들이 손쉽게 돈을 벌 수 있다는 착각에 빠져 넘어가버린다. 이렇게 간단하게 말하니 실감이 잘 안날 것이다. 하지만 막상 사기꾼들이 짜놓은 덫을 들여다보면 생각보다 정말 치밀하다. 그들은 누구라도 믿을 수밖에 없는 상황을 만들어 놓고 남을 유혹한다.

그런데 이러한 투자사기 사건을 나중에 형사고소 해 봐야 입증이 매우 어렵다. 왜냐하면 사기꾼들은 이에 대비해 실제로 누군가에게 투자하였다가 손실을 본 것처럼 일을 꾸며 놓기 때문에, 고의성을 밝히는 것이 쉽지 않기 때문이다. 결국 이런 사기 사건은 검찰에서 무혐의 처분이 나오는 경우가 비일비재(非一非再)하다. 당연히 이러한 사기꾼들이 재산을 자신의 명의로 해 놓을 리가 없다. 결국 오랜 기간 민사소송을 제기해 승소해봐야 나중에 집행할 재산이 하나도 없으면 그 판결은 무용지물이 되어 버린다. 결국 피해자는 공짜를 바란 대가를 혹독하게 치러야만 한다.

나는 2000년 가을 무렵 미국 노스캐롤라이나 주에 있는 듀크(Duke) 대학교 로스쿨에 연수를 갔을 때 인근에 있는 워싱턴DC를 여행한 적이 있었다. 그곳 외곽에 위치한 '한국전쟁 추모 공원(Korean War Veterans Memorial)'에는 검은 대리석 벽면에 이런 문구가 새겨져 있다.

FREEDOM IS NOT FREE

(자유는 공짜가 아니다)

'FREE'란 단어가 연속되는 절묘하고 역설적 표현이 아닐 수 없었다. FREEDOM은 자유를 의미하는 말인데 여기서 'free'는 '속박에서 벗어나는 의미'이고, 뒤의 'FREE' 는 공짜라는 뜻으로 '돈을 내지 않아도 되는 자유'를 의미하는 듯했다.

공짜는 없다고 했는데 자유 역시 마찬가지이다. 어찌 보면 자유를 지키기 위해서는 생명이라는 가장 큰 대가를 치러야 한다는 살벌한 의미가 도사리고 있다. 추모공원 한 가운데에는 판초(우비)를 입고 작전 수행중인 미군 병사 19명의 잿빛 조각상도 보였고, 바닥에는 이런 문구가 적혀 있었다.

OUR NATION HONORS HER SONS AND DAUGHTERS

WHO ANSWERED THE CALL TO DEFEND THE COUNTRY

THEY NEVER KNEW AND A PEOPLE THEY NEVER MET

(우리나라는 알지도 못했던 나라, 만나지도 못했던 국민을 지키기 위해

나라의 부름에 응한 아들들과 딸들을 기린다)

사실 1950년대 초반이면 대한민국은 지금 아프리카의 후진국 중 하나와 같이 국제사회에서 보잘 것 없는 존재에 불과했을 때이다. 반면 미국은 제2차 세계대전의 승전국으로 전 세계의 존경을 한 몸에 받았고 경제적 · 군사적으로 최강의 1등 국가였다. 이러한 상황에서 그

들은 한 번도 가보지 않고 잘 알려지지도 않은 대한민국에 와서 우리의 자유를 위해 꽃다운 청춘을 바친 것이다.

자유라는 나무는 피를 먹고 자란다

이것은 미국의 토머스 제퍼슨(Thomas Jefferson, 1743~1826)이 남긴 말이다. 미국 독립전쟁 직후 하급 군인들은 장교들에 비해 매우 열악한 대접을 받았다. 마치 우리나라의 구한말 임오군란(1882년)과 유사하게 미국에서도 군인들이 반란을 일으켰는데 이것이 바로 '셰이즈의 반란(Shays's Rebellion)'이다.

당시 뉴저지 부대에서 수백 명이 가담한 반란이 일어나자, 조지 워싱턴은 강경진압을 하였다. 그러자 한 병사는 이렇게 외쳤다.

"나는 자유를 위해 죽을 각오가 되어 있지만, 저 비겁한 필라델피아 의회나 비단과 견수자로 처바른 저 고귀한 펜실베이니아 숙녀 분들, 더러운 뉴저지 나리들과 돼지 같은 지주 놈들의 재산을 지키기 위해 죽지는 않겠다."

반란이 일어났을 때에 주 프랑스 대사로 파리에 머물고 있던 토머스 제퍼슨은 이 폭동에 대해 이렇게 썼다.

"가끔 조그마한 반란이 일어나는 것은 좋은 일이고 정치세계에 있어서는 이것이 필요하기도 하다. 마치 자연계에 가끔씩 폭풍이 부는 것이 필요하듯이. 자유의 나무는 애국자와 압제자의 피를 먹고 자란다. 이것이 자연의 법칙이다."

우리의 근대사 역시 마찬가지이다. 일제의 강점, 북한의 6.25. 침략전쟁, 군사독재정권의 압제 등에서 우리는 자유를 지키기 위해 얼마나 많은 고귀한 피를 흘려야 했는가? 수많은 독립군, 국군, 학생, 지식인, 언론인, 노동자 등의 헌신적인 희생이 없었다면 우리는 지금도 어느 독재자의 학정 속에서 시달리고 있는 처지였을 것이다. 권력이란 것이 참 묘해서 형제지간은 물론 부모자식 간에도 골육상쟁(骨肉相爭)을 하는 마약과 같은 존재인 것 같다. 그래서 한 번 권력을 잡으면 영원히 놓지 않고 싶어지나 보다. 그렇게 독재자들이 생겨나고 국민들은 그러한 독재자로부터 자유를 지키기 위해 피를 흘려야만 하는 악순환이 계속되는 것이다. 현대에 사는 우리가 너무 당연하게 느끼는 이 자유! 하지만 이러한 자유가 우리 선조들과 또 다른 외지인들의 값진 피를 통해 얻어진 것이라는 생각을 하니 마음이 숙연해진다. 그들에게 깊은 감사의 마음을 전하고 싶다.

나는 워싱턴DC의 한국전쟁기념관을 들러 알링턴 국립묘지❖(Arlington National Cemetery)에도 갔다. 그곳에서 도착해 한국전에 참전했다가 전사한 미국 군인들의 비석들을 보았다. 끝이 없이 펼쳐지는 묘지의 행렬은 보는 이들에게 무거운 서글픔마저 안겨주었다. 묘비들을 자세히 살펴보니 대부분 17세에서 23세 정도의 젊은 미국인들이었다. 혹자는 미국에 대해 다른 견해를 갖고 있을 거라 믿는다. 물론 나 역시 미국이 우리에게 다 잘한 것은 아니라고 생각한다. 하지만 대한민국이 절체절명(絕體絕命)의 위기에 있었을 때 그들이 우리의 자유를 지켜주기 위해 희생을 치렀다는 사실마저 잊어선 안 된다. 우리

❖ 우리나라의 현충원과 같이 나라를 위해 목숨을 바친 사람들의 묘지가 있는 곳.

가 현재 세계에서 차지하는 위치와 경제력은 결코 공짜로 얻어진 것이 아니다. 이러한 희생과 피의 대가로 지금 우리가 누리고 있는 것이다.

전쟁에서 적군으로부터 성을 빼앗는 것도 쉽지 않지만 그 성을 지키는 일은 훨씬 더 어려운 일이다. 우리가 세상에서 성공하는 것도 쉽지 않지만 그 성공을 계속 유지하는 일은 훨씬 더 힘들다. 세상만물에는 다 저마다의 가격표가 붙어있어 공짜란 존재하지 않는다. 따라서 우리가 머릿속에 반드시 각인해야 할 진리는 바로 "세상에 공짜는 없고, 우리가 지금 공짜로 누리는 것도 다 누군가가 이미 값을 치렀다"는 점이다.

7. 계영배(戒楹杯)의 교훈

옛날에 앉은뱅이 거지와 장님 거지가 한 동네에 살았다. 그 둘은 마치 '말미잘과 집게'처럼 서로의 단점을 보완하며 공존하였다. 앉은뱅이는 앞을 볼 수 있으나 걸을 수 없어 장님이 앉은뱅이를 업고 다녔다. 앉은뱅이는 장님에게 말하였다.

"야, 저 집에 가면 밥을 얻어먹을 수 있어."

그 말을 들은 장님은 앉은뱅이가 시키는 방향으로 그를 업고 달렸다. 그렇게 이 집 저 집 구걸하면서 둘은 얻은 음식을 공평히 나눠 먹었다. 그러던 중 앉은뱅이는 장님이 앞을 못 보니 자신이 더 많이 먹어도 모를 거라고 생각하게 되었다.

"참, 얘는 앞을 못 보니 내가 좀 더 먹어도 모르겠지?"

실제로 장님은 그 사실을 알 수가 없었다. 그래서 앉은뱅이는 얻은 음식을 똑같이 나누지 않고 자신이 더 많이 먹기 시작했다. 처음에는 장님이 눈치챌까봐 앉은뱅이는 조금만 더 많이 먹었지만 날이 갈수록 욕심이 더 심해졌다. 그 결과 세월이 흐르면서 앉은뱅이는 살이 쪄갔고, 반대로 장님은 여위어 갔다. 그러던 중 어느 해 심한 가뭄이 들어 농사가 망쳐졌다. 동네에 지독한 흉년이 들어 먹을 것이 없어지자 사람들은 거지들에게 음식을 나눠주지 않았다.

"휴……, 안 되겠어. 아무래도 이 동네에서는 얻어먹기 힘들 거 같아. 우리 이웃마을로 옮겨서 구걸을 하자."

앉은뱅이는 한숨을 내쉬며 장님에게 말하였고 장님 역시 그 말에 동의하였다. 그런데 이웃마을로 가는 길은 평탄한 길이 아니라 산등성이를 넘어야 하는 가파른 길이었다. 당연히 장님이 앉은뱅이를 업고 가야만 했는데 그 동안 제대로 먹지 못한 장님은 다리에 힘이 없었다. 반면 앉은뱅이는 살이 너무 쪄서 예전보다 훨씬 더 무거워졌다. 결국 장님은 무거워진 앉은뱅이를 업고 힘겹게 산등성이를 넘다가 중간에 힘에 부쳐 길가에서 쓰러져 버렸다. 장님의 등에 업혀있던 앉은뱅이 역시 길가에 내동댕이쳐졌다. 앉은뱅이는 길가에 팽개쳐져 뒹구르며 그때서야 후회를 하였다.

"아, 내가 너무 욕심을 내서 얘가 나를 업기가 힘들어졌구나."

결국 앉은뱅이와 장님 거지는 이웃 동네에 가지도 못하고 둘 다 길가에서 얼어 죽었다.

이 일화를 통해 우리는 파트너를 배려하지 않고 혼자만의 욕심을 채우면 결국 둘 다 공멸(共滅)한다는 지혜를 얻는다. 만약 앉은뱅이가 욕심을 내지 않고 사이좋게 나눠먹었다면 둘 다 행복했을 텐데 지나친 욕심이 화를 부른 것이다.

나는 약 20년 전 소설가 최인호가 쓴 '상도(商道)' 란 책을 읽은 적이 있다. 상도는 조선후기 거상(巨商) 임상옥의 일대기를 그린 장편소설인데, 작가 최인호의 진가를 유감없이 발휘한 걸작이다. 그 책에 나오는 술잔이 바로 계영배(戒盈杯)인데, '경계할 계(戒)'에 '가득 찰 영(盈)', 즉 가득 차는 것을 경계하는 술잔이란 뜻이다. 이 계영배는 원래 술을 많이 마시는 것을 경계하기 위하여 특별하게 만든 잔인데, 술잔을 가득 채우면 술잔 옆의 구멍으로 모두 다 빠져버리는 특성이 있다. 그래서 그 계영배에는 70% 정도만 채워야 술이 빠져나가지 않는다.

임상옥은 계영배를 통해 상도(商道), 즉 장사의 도리를 깨닫는다. 장사를 할 때는 신뢰가 중요하며 상대를 배려하는 자세가 매우 중요하다는 것. 즉 자신의 이익만 100%를 취하고 상대를 무시할 경우는 그 장사는 결코 성공할 수 없다는 것이다. 아무리 이익을 남겨야 하는 장사라 해도, 상대방에게도 30%정도의 이익을 남길 수 있는 여지를 줌으로서 서로 윈－윈(win-win)하는 자세가 반드시 필요하다는 얘기이다.

우리가 사업에 성공하기 위해서는 반드시 파트너가 필요하다. 그 파트너가 동업자, 직장 동료, 피용자 혹은 상대 거래처이든 다 마찬가지이다. 이러한 파트너들과 상호 윈－윈 하는 자세, 즉 상대방을 배려하는 자세가 반드시 필요하고, 이러한 상호 신뢰 속에서 상생(相生)하게 된다. 어찌 보면 아주 간단한 진리 같은데, 최인호 작가는 소설 속에서 여러 사건을 통해 이를 아주 흥미진지하게 풀어나간다. 책 내용이 너무 재밌고 감동적이라 나는 마지막까지 책에서 눈을 뗄 수가 없었다.

거상 임상옥도 사업에 크게 성공하는 과정 속에서 수많은 우여곡절과 위기를 맞는다. 하지만 그는 특유의 뚝심과 신용으로 그러한 위기들을 헤쳐 나간다. 그는 자신에게 닥친 어려움을 피하거나 낙담치 않고 정면으로 돌파한다.

거상 임상옥과 달리, 평범한 사람들은 이러한 고난이 닥치면 대부분 자신의 불운을 탓하는 경향이 있다,

"아, 왜 신은 나한테만 이런 시련을 주는 걸까? 내가 전생에 무슨 죄를 지었다고……"

이렇게 신세 한탄을 하곤 한다. 하지만 이런 고난은 사실 누구에게나 닥치는 필연적인 고비이지 나에게만 닥치는 특별한 불운이 아니다. 인생은 100미터 달리기가 아니라 '장애물 달리기' 경기라서 반드시 수많은 허들 (hurdle)을 뛰어넘어야 한다. 장애물 달리기 경기에서 경기의 승패는 이러한 장애물을 어떻게 극복하느냐에 달려있다. 만약 어떤 선수가 허들을 넘지 않고 목적지에 도달한다면 그는 설사 제일 먼저 도착해도 실격 처리된다.

내가 사실 상도란 책을 읽은 것은 아주 오래전의 일인데도 아직까지 기억이 나는 것은 그 책이 흥미롭기도 하지만 아주 교훈적이기 때문이다. 사실 상도에서 얻은 계영배의 지혜는 그 후 나의 삶에 많은 영향을 미쳤다. 실제로 나는 뭔가 결단을 할 때 '7:3'이라는 비율을 늘 황금비율이라 믿는다. 그런데 때로는 내가 '7:3'의 비율이라고 생각한 것이 결과적으로 오히려 나에게 100% 유리한 경우도 종종 있었다.

흔히 주식투자를 할 때 '무릎에서 사서 어깨에서 팔라'는 말이 있

다. 이 말 역시 계영배의 지혜와 일맥상통하는 말이다. 우리가 지금 주식가격이 어깨에 불과하다 여기지만 사실 그것이 정점일 수 있다는 것이다. 한편 만약 당신이 '어깨'에서 더 욕심을 내어 '머리'까지 기다리다 보면 어느덧 주가는 내리막을 타버려 종국에는 하한가까지 곤두박질 쳐버린다.

뿐만 아니라 우리가 어떤 거래를 할 때도 30% 정도를 양보할 때 성사될 확률이 높다. 상대방도 바보가 아닌 한 당신이 너무 욕심을 내면 더 이상 당신과 거래하지 않으려 한다. 그렇다면 당신이 거래를 통해 얻은 그 70%가 당신이 얻을 수 있는 최선, 즉 100%라는 것이고 당신이 애초 원했던 바는 과욕에 불과한 것이다.

요즘 우리나라에도 골프인구가 많이 늘었다. 골프를 할 때 100%의 힘으로 볼을 때릴 경우 오히려 미스샷(miss shot) 혹은 오비(out of bound)가 나는 경우가 많다. 반면 골퍼가 어깨에 힘을 빼고 자기 힘의 70%만 쓴다는 마음으로 스윙을 하면 오히려 좋은 결과를 얻게 된다. 비단 골프뿐만 아니라 다른 운동경기들도 다 같은 이치이다. 즉 70%의 이익만 남기려는 여유로운 마음이 결과적으로 우리에게 최선의 이익을 가져다준다.

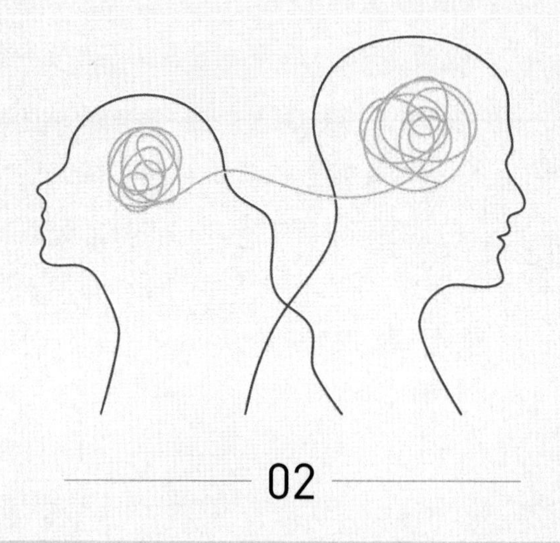

02

감동 있는 삶

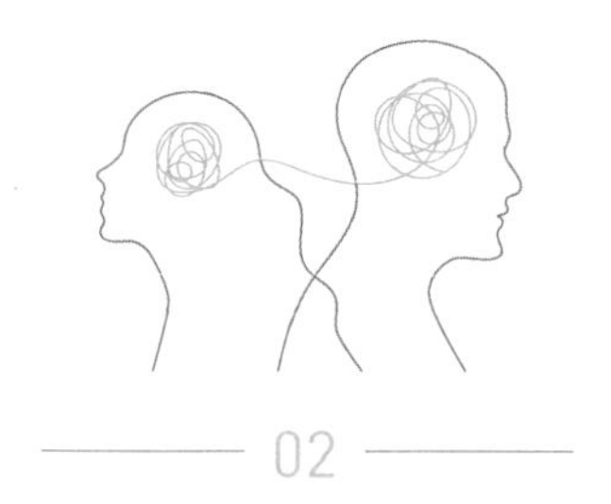

02

감동 있는 삶

1. 개미와 비둘기

나는 이솝우화를 무척 좋아하는데 그 중 가장 감동적이고 인상 깊은 내용이 바로 '개미와 비둘기' 이야기이다. 누군가에게 은혜를 입었을 경우 이를 잊지 말아야 하고, 한편 강자도 때론 약자의 도움이 필요하다는 메시지를 동시에 주는 내용이다. 워낙 유명한 일화라 다들 알겠지만 되새겨 보기 위해 이 이야기의 줄거리를 정리하면 다음과 같다.

> 맑은 물에 파란 하늘이 담겨 있고 부는 바람에 잔물결이 고왔다.
>
> 비둘기는 나무 위에 앉아 따뜻한 햇살을 즐기고 있었다.
>
> 그때 어디선가 다급한 소리가 들려왔다.
>
> "살려주세요!"
>
> 비둘기가 자세히 살펴보니 작은 개미가 물을 마시다가 개울물에 빠

져 허우적거리고 있었다.

비둘기는 이를 불쌍히 여겨 옆에 있는 나뭇잎 한 장을 따서 개울물에 던졌다. 개미는 그 나뭇잎에 올라타 목숨을 구할 수 있었다. 개미는 비둘기에게 고맙다며 나중에 반드시 은혜를 갚겠다고 약속했지만, 비둘기는 그냥 '까르르' 웃어 넘겼다.

며칠 뒤 개미는 길을 가다가 새 사냥꾼이 끈끈이 장대로 비둘기를 덮치려 하는 것을 보았다.

'아차! 비둘기가 위험하구나.'

"비둘기 아줌마, 위험해요! 얼른 피하세요."

개미는 힘껏 소리쳤지만 비둘기는 그 작은 소리를 듣지 못했다.

발만 동동 구르던 개미는 급기야는 사냥꾼의 발등을 물어 버렸고, 이에 놀란 사냥꾼은 그만 끈끈이 장대를 놓쳐버렸다. 비둘기는 위험을 감지하고 이 틈을 타 날아가 버려 목숨을 구했다. 비둘기는 얼마 후 개미에게 고맙다는 인사를 했다.

누구나 다 아는 이 동화는 사실 우리가 죽을 때까지 한시도 잊어서는 안 될 교훈적 이야기이다. 우리는 누구나 때로는 비둘기가 되기도 하고, 때로는 개미가 되기도 한다. 세상에는 이렇듯 갑(甲)과 을(乙)이 늘 공존한다.

우리가 개미의 입장일 때는 누군가의 작은 도움이 정말 큰 힘이 된다. 사실 甲의 입장에서 乙을 도와주는 일은 별다른 어려운 일이 아니지만, 도움을 받는 乙의 입장에서는 천국과 지옥을 오가는 일이다. 작은 하청업체는 대기업 구매담당자의 작은 도움으로 망해가던 회사를 살릴 수 있고, 실의에 빠져 인생을 포기하려 했던 사람은 누군가 무심히 던진 위로 한마디로 살아갈 용기를 얻을 수 있다.

한편, 비둘기의 입장에서 개미를 도울 때 보통 그 개미가 훗날 자신의 목숨을 살려줄 거란 기대를 하지 않는다. 단지 불쌍한 마음에 무심히 연못에 나뭇잎을 떨어뜨려 준 것에 불과하며, 그에게는 아주 사소하고 쉬운 일일 뿐이다. 즉 비둘기는 단순한 동정심에 개미를 도와준 것이지 결코 어떤 대가를 바랬던 것은 아니다. 하지만 때로는 그 개미가 거꾸로 비둘기에게 큰 도움을 주는 일도 생길 수 있다.

나는 검사시절 어떤 사람을 조사하다가 사정이 하도 딱해 인간적으로 가볍게 처분한 적이 있다. 그는 지독한 사기꾼에게 걸려들어 자신의 재산을 거의 다 날렸는데, 너무 화가 나서 그 사기꾼을 납치한 후 폭행을 했다. 그 일로 그는 경찰에 의해 구속된 후 검찰에 송치되었고, 내가 그 사건을 조사하게 되었다. 그런데 사건의 내막을 살펴보니 오히려 고소인이 훨씬 더 질이 나쁜 사람이었다. 게다가 피의자는 이미 자신의 채권전액을 포기하는 조건으로 고소인과 합의를 보았다. 물론 아무리 피의자에게 딱한 사정이 있었다 해도 그의 범죄가 정당화 될 수는 없다. 하지만 법에도 눈물은 있기 마련이다. 그래서 나는 피의자에 대한 구속을 취소하고 불구속으로 그 사건을 처리했다.

당시 검사였던 나에게 그 사건은 한 달에 처리해야 할 수백 건 중 하나에 불과했기에, 그냥 구속기소해 버리면 간단한 일이었다. 하지만 나는 부장검사에게 피의자에 대한 구속취소 결재를 올리면서 이렇게 말했다.

"부장님! 제가 이 사람의 입장이라 해도 너무 화가 치밀어 비슷한 행동을 했을 것 같습니다. 정말 고소인이 너무 악질적인 사기꾼이라서 오히려 피의자에게 동정이 갑니다. 불구속으로 기소하겠습니다."

그러자 부장검사도 흔쾌히 승낙을 했다. 그로부터 수년이 흘러 내가 검사를 그만두고 변호사로 일할 때였다. 하루는 당시 피의자였던 그 사람이 나를 찾아왔다. 그는 그 동안 사업에서 재기해 크게 성공했다고 했다.

"검사님께서 그때 저를 살리셨습니다. 정말 단 한시도 검사님의 은혜를 잊지 않았습니다. 이제 변호사 되셨으니 저를 만나주실 거라 믿고 찾아왔습니다."

그 후 그는 자신의 회사 관련 사건들을 내게 의뢰했고, 지금까지도 친구처럼 지내는 사이가 되었다. 나는 오래전의 일이라 솔직히 기억조차 희미했는데 그것을 잊지 않고 찾아온 그가 참 고맙게 느껴졌다.

어찌 보면 비둘기보다 개미가 더 대단한 것 같다. 사실 비둘기의 입장에서는 큰 힘이나 노력 없이 기분 좋게 도와준 것에 불과하다. 그런데 그러한 은혜를 오랫동안 기억하는 개미는 사실 흔하지 않다. 우리는 누군가에게 도움을 받을 때는 당장은 고마워하지만 막상 세월이 흐르면 그 고마움도 조금씩 잊혀져가고, 나중에는 언제 그랬냐는 듯이 도움 받은 사실조차도 부인하려 한다. 하지만 그는 몇 년이 지난 뒤에도 당시의 고마움을 잊지 않고 기억하고 있었던 것이다. 한편으로 다시 생각해보면 그런 착한 마음씨 때문에 그가 재기할 수 있었을지도 모르겠다.

세상에 영원한 강자는 없다. 우리는 때로는 비둘기도 될 수 있지만 사실 개미가 되는 경우가 더 많다. 만약 당신이 어려움에 처해져 다른 이의 도움이 간절히 필요한 상황에 처해진다면, 먼저 은혜를 갚을 마음의 준비부터 해라. 그러면 그러한 진심이 비둘기에게 전해져 그의 마음을 움직일 것이다.

한편 비둘기의 입장에서는 개미가 약하다고 너무 무시하면 안 된다. 비록 지금은 개미가 아무런 힘도 없어 비둘기에게 도움을 줄 수 없을 것처럼 보이지만, 세상일은 모르는 것이다. 때로는 음지가 양지되고 양지가 음지 되기도 한다. 나는 이야기 속에서 개미를 무시했다가 나중에 겸연쩍게 고마움을 표해야만 했던 비둘기의 모습을 떠올려 보았다. 인간은 아무리 보잘 것 없어 보이는 사람이라고 해도 언젠가는 변화될 수도 있기 때문에 결코 현재의 모습만으로 그를 가볍게 평가해서는 안 된다.

2. 고깃덩어리를 입에 문 개

이 이야기도 이솝우화에 나오는 일화이다. 고깃덩어리를 물고 가던 개가 물에 비친 자신의 그림자를 보았는데, 그림자 개가 자기보다 더 큰 고깃덩어리를 물고 있는 다른 개라 착각해서 그 개의 고깃덩어리까지 탐하다가 둘 다 놓친 이야기다. 한 덩어리는 애초부터 존재하지 않았던 것이고, 다른 한 덩어리는 물속에 빠뜨렸기 때문이다. 우리에게 과한 욕심은 오히려 화를 자초한다는 교훈을 주고 있다. 그 내용은 다음과 같다.

마을에서 큰 잔치가 벌어졌다.

잔치 집을 기웃거리던 개 한 마리가 큰 고깃덩어리를 하나 발견하고 덥석 물고 나왔다.

"내 귀여운 새끼들에게 나누어주어야지."

개는 새끼들을 생각하며 집으로 달리기 시작했다.

집으로 가던 길에 냇가를 건너야 했다.

냇가의 징검다리 중간쯤 건너왔을 때 우연히 냇물을 바라보았다.

"아니 저 개도 큰 고깃덩어리를 물고 있네."

냇물에 큰 고깃덩어리를 물고 있는 자기 모습이 비친 것이다.

"저 개의 고깃덩어리가 내거보다 더 크잖아 저것도 뺏어야겠다."

욕심이 생긴 개는 물속의 개를 향하여 큰소리로 짖어 댔다.

"멍. 멍. 멍……." "풍덩……." 물속의 개도 따라 짖었다.

"멍. 멍. 멍……." 개가 고기를 물었던 입을 크게 벌려 사납게 짖어대는 순간

고깃덩어리는 냇물 속으로 빠져버렸다.

개가 짖고 나서 보니 물속의 개도 고깃덩어리가 없어졌다.

"저 멍청한 개 좀 봐 고깃덩어리를 잃어버렸네."

다리 위의 개는 물속의 개를 이렇게 한심하게 보면서 자신을 되돌아보았다.

"어 내 고기는?"

그제야 개는 물속에 비친 개가 바로 자기 그림자였음을 깨달았다.

우리는 때로는 자신보다 부자 혹은 잘난 사람과 자신을 비교하곤

한다. 그래서 늘 누군가를 부러워하고 자신의 처지를 비관한다. 하지만 정작 자신이 갖고 있는 장점은 잘 모르는 경우가 많다. 이야기 속의 개는 자신이 갖고 있는 고기에 만족하지 못하고 남의 고기까지 빼앗으려다가 그만 자신의 것을 놓치는 어리석은 짓을 했다. 우리는 이 이야기를 통해 자신의 장점을 더욱 소중하게 여겨야 한다는 교훈을 얻게 된다. 또한 남의 것을 빼앗으려는 욕심 때문에 오히려 큰 손해를 볼 수도 있다는 점도 배우게 된다. 자신에게 소중한 것은 남에게도 소중한 것이다. 만약 다리 위의 개가 물 위 비친 다른 개에게도 고기가 소중하다는 점을 인정했다면, 그것을 빼앗으려 짖지 않았을 것이다. 우리 속담 중에 이런 말이 있다.

아흔아홉 냥 가진 사람이
한 냥 가진 사람의 것을
빼앗으려 한다

인간의 욕심은 끝이 없다. 그래서 끊임없이 돈을 벌려고 하고, 심지어는 돈에 미쳐서 남의 것도 빼앗으려고 하는 사람도 있다. 하지만 과욕은 늘 화를 부르기 마련이다. 결국 그 욕심보다 더 많은 대가를 치러야만 한다.

법조인으로 살다보면 돈 많은 사람들 중에 더 지독한 사람들이 많다는 것을 종종 경험하게 된다. 나는 예전에 대기업 사건을 수사하다 한남동의 대저택을 압수수색한 적이 있다. 그 집은 삼성그룹의 고 이건희 회장 집과 멀지 않은 곳에 위치한 엄청난 부호들만 사는 동네의 집들 중 하나였다. 물론 그 집의 주인 역시 대단한 부자였다. 그런데 인상 깊었던 점은 집은 엄청 크고 화려했는데, 정작 그 집에 보일러는 거의 틀지 않고 냉골 같은 방에서 가족 모두 담요를 뒤집어쓰고 떨면서 지내고 있었던 것이다. 당시 압수수색하던 수사관들이 발이 너무 시리다고 힘들어했던 기억이 생생하다. 나는 그 부자가 기름값 아낀다고 보일러를 거의 안 틀고 추위에 떨면서 사는 모습이 왠지 처량하고 애처롭게 느껴졌다.

엄청남 부호 중에는 이웃은 물론 가족들에게도 자린고비처럼 대하가다 나중에 홀로 버림을 받는 경우도 더러 있다. 돈은 행복을 사기 위한 수단일 뿐 목적이 될 수는 없다. 그런데 많은 사람들이 돈의 노예가 되어 다 쓰지도 못하고 죽을 만큼의 돈을 모아놓고 그것에도 만족을 못하기도 한다. 돈은 버는 것도 중요하지만 쓰는 것이 더욱 중요하다. 지나친 물욕으로 인해 정작 중요한 행복을 놓치는 어리석음을 범하지 말도록 하자.

예전에 내가 어느 미국 교포친구로부터 들은 이야기가 있다. 그 친구의 말에 의하면 미국의 어느 대학 경영학 교재에 나온 일화라고 하는데, 솔직히 이를 확인하지는 못하였다. 대강 이야기의 줄거리는 이렇다.

어떤 남자가 항해를 하다가 그만 무인도에 표류를 하게 되었다. 그런데 그 무인도는 날씨도 너무 좋고, 그 안에 과일과 잡아먹을 동물들도 많았다. 그래서 그는 비록 외로운 나날이었지만 비교적 풍족하게 살고 있었다.

그런데 시간이 지나면서 그는 성욕을 참기 어렵게 되었다. 그래서 그는 급기야는 들판에 뛰노는 야생마 중 암말을 골라 뒤에서 성행위를 시도하게 되었다. 소위 '수간(獸姦)'이라는 변태 성행위인데 여자가 없는 무인도에서 그가 성욕을 풀 수 있는 유일한 대안이었다.

하지만 그 암말이 가만히 당하고 있을 리 없다. 뒷발질로 방어를 하여 그 남자는 온몸이 피투성이가 되어 버려 그나마 거사(?)도 실패하고 말았다.

그러던 중 어느 날 그에게 행운의 여신이 미소를 지었다. 그 무인도에 팔등신의 미녀가 표류해온 것이다. 남자는 미녀를 극진히 간호를 해 주었고 그 덕분에 그 여자는 정신을 차리게 되었다.

"죽고 싶지 않으면 내 말 들어."

남자는 여자의 목에 칼을 겨누며 그녀를 협박했다.

"예 살려만 주시면 무슨 일이든 시키는 대로 할게요."

여자는 상황을 파악해보니 어차피 무인도에서 남자의 도움 없이는 살 수 없을 것 같고, 남자가 원하는 것이 자신의 몸이라는 사실을 눈치 채고 체념한 채 대답하였다.

그러자 남자는 여자에게 이렇게 소리쳤다.

"야, 너 저기 있는 저 암말 뒷다리 좀 꽉 잡고 있어."

"?????"

여자는 어안이 벙벙했다.

이 이야기는 유머집에도 실려 있는 Y담이기도 하다. 처음에는 우스운 음담패설인 줄만 알았는데, 자세히 살펴보면 아주 교훈적인 내용을 담고 있다. 남자에게 있어 여자는 '행복'을 의미하는 것으로서 그 것은 원래 추구했던 목표였다. 그런데 그 행복을 대신하기 위해 말이 필요했던 것이고 그 말이 바로 '돈'이다. 결국 돈은 원래 행복을 얻기 위한 대체물, 즉 수단에 불과했는데, 그 돈을 계속 추구하다보니 애초의 궁극적인 목표인 행복을 잊고 거꾸로 돈의 노예가 되어 버린 것이다.

사실 원래 돈을 버는 것도 결국 가족들과 행복한 삶을 영위하기 위한 것인데 어느덧 돈의 노예가 되어 가정의 행복을 깨버리는 경우도 많다. 그런데 돈은 잃어버려도 나중에 다시 벌수 있지만, 깨어진 가정의 행복은 다시 붙일 수 없다.

호주에서는 이와 비슷한 실제사례가 있었다. 자동차광인 아버지는 대단한 부자였는데 가족들과 드라이브를 즐기려고 엄청난 고가의 승용차를 샀다. 그는 그 차를 너무 사랑해 매일 세차를 하며 애지중지 간직하고 있었다.

이를 지켜본 어린 아들은 아버지가 소중히 여기는 차를 누가 훔쳐 가면 어떻게 하나 고민하다가, 날카로운 못으로 그 차에 아버지 이름을 크게 새겨놓았다. 나중에 이를 발견한 아버지는 자신의 고급차를 훼손한 아들에게 분노하여 아들의 손버릇을 고쳐준다며 망치로 그의 손을 내리쳤다. 아버지는 순간의 화를 참지 못하고 그만 잠시 이성을 잃어버린 것이다. 결국 이 사고로 아들은 한쪽 손을 잃게 되었다. 나중에 아들이 입원한 병원에 찾아온 아버지에게 아들은 울부짖으면서 외쳤다.

"아빠 차를 누가 훔쳐갈까 봐 아빠 이름을 적은 것인데 왜 제게 이렇게 했어요. 제 잃어버린 손은 어떻게 하실 거죠?"

"탕! 탕!"

아버지는 아들의 절규를 듣고 아무 말 없이 집에 돌아가 집에 있던 권총으로 자신의 머리를 향해 방아쇠를 당겼다. 애초에 아버지는 그 차로 가족들과 행복한 드라이브를 꿈꾸었던 것인데, 운송수단에 불과한 자동차에 빠져들면서 오히려 자동차가 가족보다 소중하게 느껴졌던 것이었다. 결국 이 일로 인해 한 가정의 행복은 돌이킬 수 없게 산산조각 나 버렸다. 정말 너무나 가슴 아픈 비극적 일화이다.

인간의 욕심은 정말 끝이 없는 것 같다. 하지만 우리가 가장 잊지 말아야 하는 것은 '행복을 향한 욕심'이다. 모든 결론은 늘 행복으로 귀결되며 나머지는 모두 다 그 행복을 위한 수단에 불과한 것이다(기승전행복).

3. 달을 따 달라는 공주

이 동화는 문제를 해결하려면 상대방의 눈높이에 맞춰 생각해야 가능하다는 메시지를 담고 있다. 동화의 내용은 다음과 같다.

> 옛날 어느 나라에 어린 공주님이 살고 있었다.
>
> 공주님은 왕과 왕비의 사랑을 듬뿍 받으며 아름답고 건강하게 자라났다.
>
> 그런데 어느 날 하늘 높이 떠있는 달을 보면서 달을 따달라고 졸랐다.
>
> 왕과 왕비는,

"애야 달을 따올 수가 없는 거란다."

라고 아무리 타일러도 공주는 포기하지 않고 계속 달을 따 달라고 보채고 울기 시작했다.

공주는 조르다가 뜻대로 되지 않으니, 병이 났다. 의사들이 말해도 안 되었다. 많은 스승들이 설득해도 안 되었다.

"달은 너무 멀리 있어서 갈 수 없어요." 천문학자가 말했다.

"달을 너무 생각하다가 병이 난 겁니다. 달에 대한 생각을 줄이세요." 심리학자가 말했다.

"달은 실제로는 너무 커서 운반이 불가능해요." 과학자가 말했다.

모두 정답이었다. 그러나 공주의 병을 고치지 못했다.

난감해진 임금은 공주에게 달을 따다 주는 사람에게 아주 큰 상을 내린다고 선포하기에 이르렀다. 하지만 아무도 선뜻 나서질 못한다.

하루는 광대가 와서 자기가 공주의 병을 고치겠다고 말했다. 광대는 공주에게 가서 그냥 물어 보았다. 자기의 수준을 내버리고, 공주의 수준에서 물었다.

"공주님 달은 어떤 모양이지요?"

"바보야. 그것도 몰라. 동그란 모양이잖아."

"달은 얼마나 큰가요?"

"내 손톱으로도 가려지잖아. 손톱 크기야."

"달은 무슨 색이죠?"

"황금빛이잖아."

광대는 그냥 공주에게 들은 그대로 조그마한 황금구슬을 만들어서 왔다.

"공주님 여기 달을 따 왔어요."

공주는 뛸 듯이 기뻐했다. 그런데 문제는 저녁이 되면서부터 생겨났다. 달을 따 왔는데, 달이 또 뜨면 문제가 되는 것이었다. 광대는 고민하지 않고, 다시 공주에게 가서 물었다.

"공주님, 달을 따 왔는데, 또 뜨면 어떻게 하죠?"

"바보. 그걸 왜 걱정해. 이를 빼면 또 나잖아. 나도 빠진 이빨이 다시 나왔어. 달도 하나 따 왔다고 없어지겠니? 호수에도 컵에도 달이 있는데 하나 가져 왔다고 안 떠오르겠어?"

"아 그렇군요."

모든 문제가 풀렸다. 공주는 건강하게 일어나게 되었다.

이 동화 속에서 우리는 문제를 해결할 때 자신의 눈높이와 기준을 고집할 경우 아무런 도움이 되지 못한다는 교훈을 얻는다. 즉 광대가 공주의 병을 낫게 해줄 수 있었던 것은 '달'을 자기 기준이 아닌, 공주 수준에서 바라보았기 때문이다. 우리는 누군가와 대화를 할 때 늘 자신의 잣대로 상대를 바라보는 경향이 있다. 그럴 경우 대화는 영원한 평행선을 달려 결코 접점을 찾지 못하고 제자리만 계속 맴돌게 된다. 마치 '뫼비우스의 띠❖'처럼 말이다. 비단 개인 간의 대화뿐만 아니

❖ 뫼비우스 띠는 종이를 한 번 뒤틀어 양쪽 끝부분을 붙인 곡선 모양으로서 안과 밖의 구별이 없다. 뫼비우스의 띠의 특징은, 어느 지점에서나 띠의 중심을 따라 이동하면 출발한 곳과 정반대 면에 도달할 수 있고, 계속 나아가 두 바퀴를 돌면 처음 위치로 돌아온다는 점이다. 이렇게 원래의 출발점으로 되돌아오는 특성 때문에 재활용 마크로 사용되고 있다. 이 말은 작가 조세희가 쓴 연작소설 '난장이가 쏘아올린 작은 공'에 소개되어 더 유명해졌다.

라 사업이나 정치에서도 마찬가지이다.

사업을 하는 사람은 고객의 눈높이에 맞춰서 제품을 만들어 판매해야만 성공할 수 있다. 아무리 좋은 신제품을 내놓아도 그것이 고객의 입장에서 사용하기가 너무 어렵고 불편하다면 그것은 잘 팔리지 않을 것이다.

정치도 마찬가지이다. 상대방의 입장을 고려하지 아니한 채 자신의 주장만 관철하려고 한다면 정쟁(政爭)으로 치닫게 되고 결국 양쪽 모두 패자가 될 수 있다.

이렇듯 상대방의 눈높이에 맞춰 상대를 이해하려고 하는 것을 정신의학에서는 '공감적 이해'라고 부른다. 즉 상대방의 마음속으로 들어가서 그 사람의 눈으로 세상을 볼 수 있는 능력을 말한다. '나는 당신의 문제가 뭔지 다 알고 있는데, 이것이 내가 제시하는 솔루션이다'라고 단정하는 순간 이미 상대방은 마음을 닫아 버리게 된다.

부모자식간의 갈등도 바로 이러한 공감적 이해의 부족에서 비롯되곤 한다. 특히 부모들이 어린 자녀의 세계를 이해하지 못한 채 "엄마 어릴 때는 이런 거 상상도 못했어."라고 하면서 자녀를 몰아붙일 때 부모자식간의 대화의 벽은 이미 가로 막혀버린다.

부모가 볼 때 자녀들의 사고나 행동이 이해가 안가는 경우도 많다. 그것은 서로 사는 세상과 세대가 다르기 때문에 생기는 세대격차에서 비롯되는 자연스러운 마찰현상이다. 하지만 만약 자녀의 입장에서 한번쯤 생각해 보고 자녀를 친구처럼 대해보면 어떨까? 누군가에게 충고를 하는 것은 그리 어려운 일이 아니다. 하지만 누군가를 진정으로 이해하려고 애를 쓰고 대화를 통해 문제를 해결하는 것은 많은 인내심이 필요하다.

흔히 친구 사이에 충고를 하는 경우가 많다. 하지만 친구에게 충고를 할 경우 오히려 친구와 멀어지는 역효과가 나기 쉽다. 그 이유는 친구를 충분히 이해하고 그와 아픔을 함께 해주는 인내심 없이 충고를 할 경우 상대의 마음은 이미 차갑게 닫혀버리기 때문이다.

사실 이 동화속의 공주는 순진하고 무지했다. 현실적으로 보면 과학자들의 말이 진실이다. 하지만 똑똑하고 많이 배운 과학자는 공주의 마음을 전혀 읽지 못하였기에 문제를 해결하지 못하였다. 사실 공주와 학술적 토론을 하는 것이 아니었는데, 과학자는 자신이 늘 하던 방식과 고정관념을 공주에게 주입하려고 했기 때문에 실패한 것이다. 한편 광대는 비록 과학자처럼 많이 배우지는 못하였지만, 공주의 마음을 읽을 수 있는 따뜻함과 오픈 마인드를 갖추었기에 어린 공주와 대화가 되었던 것이다.

요즘 육아교육과 관련하여 '눈높이 교육'의 중요성이 강조된다. 눈높이 교육 이란 아이의 수준에 맞게 생각해야 교육의 효과가 크다는 것이다. 키 큰 사람과 작은 사람이 있을 때 큰 사람이 숙여서 높이를 맞춰야 하듯이, 우리가 어린 자녀들과 대화를 하거나 교육을 할 때 아이의 수준에 맞춰야 한다. 이러한 수직적 관계에서 뿐만 아니라 대등한 수평적 관계에서도 상대방의 사고에 맞추면 의외로 쉽게 갈등이 해소되는 경우가 많다. 역지사지(易地思之), 즉 상대의 입장에서 생각해보는 것이다. 부부싸움을 했을 때도 자신의 입장이 아닌 배우자의 입장에서 바라보면 쉽게 화해할 수 있다. 당신이 상대를 '있는 그대로의 모습[as (s)he is]'으로 인정하고 대화를 통해 공감을 형성할 때, 상대방도 당신에게 마음의 빗장을 열고 서서히 변화될 것이다. 결코 상대를 자신에게 맞추려고 하면 안 된다.

4. 해와 바람

이 동화는 해와 바람이 지나가던 나그네의 외투를 벗기는 시합을 해서 결국 해가 이겼다는 이야기이다. 바람이 세차게 바람을 불었지만 나그네는 오히려 외투를 더욱 강하게 부여잡았는데, 해가 따스한 햇살을 비춰주자 나그네 스스로 더워서 외투를 벗었다는 이야기.

이 동화를 통해 우리는 억지로 뭔가를 하려고 강요할 경우 오히려 역효과가 난다는 교훈을 얻는다.

'부드러움이 강한 것이다'는 말이 있다. 골퍼들에게는 더욱 실감이 나는 이야기일지도 모르겠다. 골프뿐만 아니라 당구나, 볼링, 구기종목 등도 실력이 좋은 선수들은 뭔가 폼이 부드럽게 느껴진다. 그 이유는 무엇일까? 실력 있는 선수는 자신의 힘을 결정적 순간에 집중할 줄 알기 때문이다. 다시 말해 자신의 힘을 임팩트 순간에 모으고, 그 전후의 동작들 속에서 힘을 낭비하지 않는 것이다.

그럼 해처럼 따뜻하게 대하면 모든 나그네들이 다 스스로 외투를 벗을까? 현실은 꼭 그렇지만은 않다. '해와 바람' 얘기는 동화속의 아름다운 이야기 같지만 현실에서는 약간 재해석이 필요하다.

흔히 듣기 좋은 소리로, 자신의 권리를 주장하기보다 남에게 양보하고 베푸는 것이 미덕이고, 그러면 상대도 같이 호응할 것이라고들 말한다. 하지만 이런 얘기는 때로는 이론적인 탁상공론에 불과하며 냉정한 현실을 도외시한 무책임한 말일 수 있다. 변호사 업무를 하다 보면, 상대방과 원만히 합의가 성립되어 해피엔딩으로 마쳐지는 경우는 낙타가 바늘구멍을 통과할 만큼 드물다는 점을 느끼게 된다. 오히려 서로 자신의 권리와 이를 뒷받침 할 증거들을 강하게 주장하고, 상대방은 정반대로 이를 부인하며 거짓증거로도 맞서는 경우가 훨씬 많다. 즉 따뜻한 말로 소송상대방의 외투를 벗기려는 것은 아주 순진한 발상이다. 그럼 어떻게 하는 것이 현실적으로 가장 도움이 될까? 우리는 때로는 해와 같이 따뜻한 마음도 있어야 하지만, 결정적 순간에는 바람과 같은 매서움도 함께 지녀야 한다. 나는 해처럼 따뜻함으로 모든 갈등을 해소할 수 있다고 믿을 만큼 순진한 이상론의 소유자가 아니다. 왜냐하면 다양한 사건들을 통해, 나는 대책 없이 착하기만한 어리석음보다, 철저히 준비된 영리함이 실제로 더 효과적이라는 것을 경험으로 체득했기 때문이다.

바둑용어에 '아생연후살타(我生然後殺他)'라는 격언이 있다. 자신이 먼저 두 집을 지켜 살고 난 뒤에 상대의 대마를 잡으러 가야 한다는 말이다. 당장 자신의 현실이 불안한 마당에 남을 배려한다는 것은 꿈같은 얘기에 불과하다. 자기의 두 발을 땅에 굳건히 디딘 뒤에야 두 팔을 이상을 향해 펼칠 수 있다. 그러기 위해서는 먼저 현실적인 자기방어가 반드시 필요하다. 누군가에게 크게 사기당하여 전 재산을 날린 사람은 더 이상 남을 믿지 못한다. 그에게 해와 같은 따스함을 기대한다는 것은 처음부터 무리다.

나는 국가 간 외교정책에서도 마찬가지라고 생각한다. 상대방은 전혀 양보할 생각이 없는데 혼자서 따뜻한 마음을 갖는다면 무슨 소용이 있겠는가?

평화를 원하거든 전쟁을 준비하라

(Si vis pacem, para bellum)

4세기 로마의 병법가 베게티우스(Vegetius)가 그의 저서 <군사학 논고(De Re Militari)> 에서 남긴 말이다. 진정 평화를 누리고 싶다면 자신을 지킬 수 있는 힘을 스스로 길러야 한다는 역설적 표현으로서 '유비무환(有備無患)'이란 말과도 비슷한 의미이다. 힘이 없는 자가 평화를 구걸해봐야 얻을 수 있는 것은 굴종밖에 없다. 구한말 조선의 역사가 바로 그러했다. 힘이 없이 이 나라 저 나라 기웃거리면서 우리를 지켜달라고 애원했지만 결국 조선은 망했고 일제에 강점당했다. 우리의 현실은 동화 속 나라가 아니라 냉정하고 때로는 엄혹한 세상이다.

위 격언과 관련되어 역사적으로 널리 알려진 일화를 하나 소개하고 싶다. 바로 독일에게 평화를 구걸했던 어리석은 영국의 '네빌 체임벌린(Neville Chamberlain)' 총리 얘기이다.

1차 세계대전 이후 체결된 '베르사유조약'으로 인해 패전국 독일에 대한 압박이 거세지자, 1933년 집권한 히틀러는 이를 와해시키려고 했다. 그 일환으로, 마침 국제연맹이 '민족자결주의'를 천명하자, 히틀러는 이를 역이용하여 1938년 3월 독일계 국가인 오스트리아를 합병했다. 그것도 모자라 히틀러는 독일계 주민이 다수 살고 있다는 이유로 체코슬로바키아의 '주데텐란트(Sudetenland)'까지 차지하려 했다. 이에 군사적 긴장감이 커지자, 1938년 9월30일 영국과 프랑스는 독일 뮌헨에서 히틀러의 요구대로 독일이 주데텐란트를 합병하도록 승인하는 내용의 '뮌헨협정(Munich Agreement)'을 체결했다. 유럽 열강들이 나치 독일에 대한 유화정책(appeasement)을 폄에 따라 신생국 체코슬로바키아는 당사자임에도 이 회담에서 배제되었고, 전체 국토의 30%, 인구 500만 명을 잃었다. 협정문에 서명을 하고 영국으로 귀국 후, 체임벌린은 이렇게 외쳤다.

"독일에서 명예로운 평화를 들고 돌아왔다."

"이것이 우리 시대를 위한 평화(peace for our time)라고 믿는다."

당시 상황을 살펴보면, 불과 20년 전에 끝난 제1차 세계대전의 아픈 상처로 인해 열강들은 어떻게 해서든 다시 전쟁을 하는 걸 원하지 않았다. 사실 그때까지만 해도 열강들의 군사력은 객관적으로 독일보다 우세했다. 그럼에도 불구하고 열강들은 과대평가된 독일의 힘을 두려워해 독일에게 체코슬로바키아의 영토를 제멋대로 떼어준 것이다. 물론 독일이 더 이상 군사적 행동을 하지 않는 단서를 달았지만, 이는 히틀러의 속셈을 제대로 파악하지 못한 오판이었다. 뮌헨협정 불과 1년 뒤인 1939년 9월 히틀러의 폴란드침공을 시작으로 제2차 세계대전이 발발한 것이다. 결과적으로 체임벌린의 평화를 구걸하는 유화정책은 적에게 힘을 키울 시간만 허락하고 말았다. 히틀러의 입장에서는, '짖기만 하는 개는 물지 않는다.'는 생각에, 영국과 프랑스를 얕잡아 볼 수 있는 자신감을 갖게 되었고, 그 사이 제2차 세계대전을 대비한 만반의 준비를 마칠 수 있었다.

이런 상황을 애초부터 우려했던 윈스턴 처칠(Winston Churchill)은 뮌헨협정이 체결된 직후 이렇게 말했다.

"영국과 프랑스는 불명예와 전쟁 사이에서 선택해야 했다. 그들은 불명예를 선택했다. 그리고 그들은 전쟁을 겪을 것이다."

결국 오래전 로마 병법가의 말이 진리임이 드러난 결정적 예이다.

평화는 달콤한 말이나 약속으로써 지켜지는 공염불(空念佛) 같은 게 아니다. 언제든 반격할 태세가 된 상대에겐 누구도 쉽게 달려들지 못한다. 사자 우리에 호랑이를 방사하면 그 둘은 서로를 공격하지 않는다. 왜냐하면 둘의 힘이 비슷하기 때문에 서로 공격해봐야 둘 다 피해를 볼 수 있기 때문이다. 하지만 만약 그곳에 사슴을 넣으면 바로 사자의 밥이 되고 말 것이다. 뮌헨협정에서 패싱 당한 체코슬로바키아처럼 말이다. 결국 힘이 있는 자만이 평화라는 특권을 누릴 수 있는 것이다.

우리는 과거 숱한 외세의 침략을 당해 왔던 아픈 경험이 많은 민족이다. 최근 근대사만 보아도 중국에게 당하고, 일본에게 짓밟히고, 심지어 불과 70년 전에는 같은 민족인 북한에게 국토를 유린당한 적도 있다. 그 모든 것이 우리의 힘이 약해서였다. 지금 이 순간도 우리는 북한, 중국, 러시아 등 핵무장 국들의 군사적 위협 속에 놓여 있다는 점을 잊어서는 안 된다.

역사를 잊은 민족에게 미래는 없다

이 말을 우리 모두 가슴 깊이 새겨야 우리와 우리 후손들의 미래가 안전하게 보장될 것이다.

비단 국가 간의 문제만이 아니라 개인 간에도 마찬가지이다. 세상에는 너무 많은 거짓말쟁이와 사기꾼으로 가득하다. 이렇듯 맹수와 독사가 우글거리는 세상 속에서 자신을 지키려면 냉정한 판단력과 지혜가 필요하다. 이것은 평생 법조인으로 살아온 내가 수많은 간접경험을 통해 얻은 교훈이다.

몇 해 전 누군가 모르는 여자로부터 전화가 왔다.

"선생님. 저는 부동산개발업자를 위해 일하는 텔레마케터(TM)인데 하남시에 너무 좋은 땅이 나와 전화 드렸어요."

"무슨 땅이죠?"

"아 예……, 얼마 있으면 주위에 지하철이 들어오고 대형 쇼핑몰도 건축되는데, 땅값 조만간 세배 이상 뛸 테니 지금 당장 사 놓으세요. 마지막 기회예요."

청산유수와 같이 그녀의 달콤한 멘트가 이어졌다. 듣다 못한 나는 그녀에게,

"그렇게 좋은 땅이면 얼굴도 모르는 제게 양보하지 마시고 본인이 직접 사세요."

라고 말하고는 전화를 끊었다.

내가 기획부동산 사기 사건들을 수없이 수사해봤고, 변호사로서도 많이 취급한 '부동산전문 변호사'라는 사실을 그녀가 알았을 리가 없다. 만약 그녀가 이를 알았다면 내게 그런 어리석은 전화를 하는 헛수고를 하지 않았을 것이다.

우리 앞에는 늘 수많은 유혹과 덫이 놓여있다. 그런 험악한 세상을 따뜻한 마음 하나로 헤쳐 나가는 것은 역부족이다. 그런데 사실 본인이 직접 그러한 것을 헤쳐 나갈 필요도 없다. 우리가 가구를 고칠 때

손으로 하지 않고 전동 드라이버나 톱과 같은 연장(tool)을 사용하듯이, 복잡한 법적인 문제를 해결하기 위해 그 분야의 전문가의 도움을 받으면 된다. 사람들은 보통 독감에 걸리거나 뼈를 다치면 당연히 병원에 가서 치료받지만, 계약을 체결하거나 사업에 투자할 때는 변호사 비용을 아끼는 경향이 있다. 하지만 사기를 당하지 않으려면 이런 경우야 말로 정말 전문가의 컨설팅을 받아 갈등의 여지를 사전에 예방하는 것이 현명하다.

소 잃고 외양간 고친다

누구나 다 아는 우리나라의 속담 중 하나인데, 한자로는 '망우보뢰(亡牛補牢)'라고도 한다. 법적인 문제가 발생하면 아무리 유능한 변호사를 선임해도 완벽한 회복은 불가능하다. 사전에 예방하는 것이 최선의 선택이다. 그러기 위해서는 일이 터지기 전에 변호사를 만나 꼼꼼하게 체크해 보는 것이 현명하다. 사실 상담료가 부담이 될 수도 있지만 사건이 터진 뒤 선임할 변호사비용에 비하면 조족지혈(鳥足之血)에 불과할 것이다.

결국 우리는 때로는 햇살처럼 따뜻해야겠지만, 어느 순간에는 자신을 지킬 수 있는 바람과 같은 냉정함도 동시에 가져야 한다. 그렇지 않으면 교활한 함정에 빠져 영원히 회복할 수 없는 나락에 떨어질 수 있기 때문이다.

5. 이순신을 존경한 일본

얼마 전 이종각 교수가 저술한 <일본인과 이순신>이라는 책을 읽었다. 이 책은 이순신과 일본을 둘러싼 역사의 아이러니를 추적한 내용이다. 임진왜란 중 일본군과 맞서 23차례의 해전에서 모두 승리한 이순신은 조선의 영웅이었지만, 반대로 일본인들에게는 철전지 원수일 것이다. 섬나라로서 다양한 해전에 익숙한 일본이 막강한 군사력에도 불구하고 열악한 조선의 해군, 그것도 이순신이라는 한 사람에게 철저히 유린당했다. 그럼에도 불구하고 자신들에게 그토록 뼈아픈 패배를 안긴 이순신을 왜 일본인들은 그토록 존경하고 추모하는 것일까? 심지어 일본 해군 장교들이 전투 전에 이순신 장군께 승리를 기원하는 신사참배를 했다는 얘기까지 있다. 정말 역사의 아이러니가 아닐 수 없다.

300여 년이 지난 메이지 시대, 일본 해군병학교 생도들은 이순신을 마음속에서 우러나오는 존경을 하였다. 1892년 조선에 측량기사로 왔던 세키 고세이(惜香生)가 이순신을 다룬 '조선 이순신전'이라는 책을 펴냈는데, 이 책에서 이순신을 트라팔가 해전(1805년)에서 프랑스-에스파냐 연합함대를 격파한 위대한 영국의 해군제독 넬슨(Nelson)과 견주어 설명하기도 했다.

하지만 정작 일본에서 이순신에 대한 존경이 가속화된 것은 러일전쟁(1904~1905) 이후라 할 것이다. 1905년 5월 대한해협에서 벌어진 러일해전에서 러시아의 무적 발틱함대를 일본해군이 격파하였는데, 당시 일본의 명장 '도고 헤이하치로(東鄕平八郎)'는 이순신이 임진왜란 때 자신들에게 사용했던 학익진(鶴翼陣)과 유사한 정자(丁字)진법❖을 사용하였다. 러일전쟁 승리 축하연에서 누군가가 도고 헤이하치로를 영국의 넬슨 제독과 비유하자, 그는 이렇게 대답했다고 한다.

"칭찬해주어 감사하나, 내가 생각하기에는 넬슨이란 사람은 대단한 인물이 아니다. 정말 군신(軍神)이라는 이름의 가치가 있는 제독이 있다면, 그것은 이순신 정도의 인물일 것이다. 이순신에 비하면, 나 자신은 하사관에도 미치지 못하는 사람이다."

1980년대 이후 일본 교과서에 이순신이 등장하기 시작했는데, 그 중에는 거북선을 '귀갑선(龜甲船)' 이라 부르며 이순신 동상과 함께 실은 책도 있다. 그러다 2000년대 이후에는 교과서 외 각종 서적들까지도 이순신의 활약상에 관해 더 자세히 다루기 시작하였다. 만약 이순신 장군이 하늘에서 이런 광경을 지켜본다면 어떤 표정을 지을지 궁금하다. 사실 누군가 나에게 가장 존경하는 인물이 누구냐고 물으면, 나는 주저 없이 이렇게 대답한다.

"광화문에 계신 두 분입니다. 세종대왕과 이순신 장군."

만약 세종대왕이 한글을 창제하지 아니하였다면, 아마 우리는 지금 어려운 한자(漢字)로 컴퓨터 타자를 쳐야만 했을 것이다. 정말 상상하기만 해도 몸서리쳐진다.

한편 이순신 장군이 없었다면 아마 우리는 임진왜란에서 일본에게 패배했을 지도 모른다. 그의 놀라운 전술과 전략은 정말 대단한 업적이다. 하지만 내가 정말 이순신을 존경하는 이유는 그런 '23전 23승

❖ 횡으로 늘어나 종으로 오는 적의 선두를 집중 공략하는 점에서 학익진과 비슷한 모양의 진법(陣法).

의 전승신화' 때문만은 아니다. 오히려 그보다 그가 왜군 이중첩자 '요시라'의 반간계와 간신들의 모함으로 한양에 압송당해 모진 고문을 당하였음에도, 나라를 미워하지 않고 다시 백의종군(白衣從軍)한 애국심과 희생정신 때문이다.

그런데 나는 지금 이순신의 눈부신 업적에만 심취하고 싶지는 않다. 이순신의 위대함은 우리 민족 모두가 이미 잘 알고 있기 때문이다. 다른 한편, 나는 그렇게 자신들에게 아픈 상처를 준 이순신을 존경하는 일본인들 역시 대단하다고 생각한다. 우리는 평소 일본인들을 향해 '강자에게 약하고 약자에게 잔인한 민족'이라고 비난하곤 한다. 이 말을 돌려 말하면, 일본인들은 상대가 강자(强者)라면 그가 설사 원수라고 해도 그를 인정하고 존경한다는 말이기도 하다. 이러한 객관적 사고와 냉정한 이성은 우리가 일본인들에게 배워야 하는 점이다. 실패를 거울삼아 자신의 약점을 분석하고 상대의 강점을 연구하는 사람은 같은 실패를 반복하지 않는다. 하지만 감정만 내세우며 상대를 무시하고, 무작정 욕만 하는 사람은 설사 당장 운 좋은 승리를 한다고 해도, 영원한 승자가 되기 힘들다.

일본은 2차 세계대전에서 막강한 군사력의 미국에게 거침없이 도전장을 내밀었다. 진주만 공습(1941년 12월 7일)으로 미국과의 전쟁을 시작한 것이다. 물론 그 결과 미국의 원폭투하로 일본은 항복하고, 제국주의 시대의 종말을 고하였다. 어찌 보면 일본에게 미국이란 나라는 인류최초로 원폭을 자신들에게 투하하여 수많은 자국민을 죽인 원수 나라이다. 그럼에도 일본은 전쟁에 패배한 뒤 적어도 표면적으로는 미국을 배척하지 않고, 오히려 그들을 존경하며 강점을 배워서 다시 화려한 재기에 성공할 수 있었다. 그래서 그들은 한 때 미국을 경제적으로 앞지르기까지 하였는데, 특히 자동차와 전자산업에서 비약적 성장을 하였다.

나는 대한민국이 세계열강과 나란히 할 수 있는 강대국이 되고, 국민모두 잘 살 수 있는 복지국가가 되길 진정으로 바란다. 우리가 과거의 상처에만 집착하여 미래를 내다볼 수 없다면 우리에게 또 다른 암흑의 세상이 열릴 것이다. 자신보다 강하고 앞선 상대방을 인정하고, 그로부터 많은 정보를 얻어 그 상대방을 이기는 것이 우리에게 정말 필요한 과제이다.

'항일(抗日)'보다는 '극일(克日)'을 하여 우리가 일본을 앞서나갈 때 진정한 복수가 되는 것은 아닐까? 불구대천지 원수에게 복수하는 가장 현명한 방법은 그보다 더 잘살고 행복해지는 것이다. 원수를 미워하고 뒤에서 욕만 하는 것은 비겁한 자들의 손쉽고 졸렬한 선택일 뿐이다.

6. 윈스턴 처칠의 선거패배

우리는 흔히 정치인들을 많이 욕한다. 어찌 보면 그들은 우리의 술안주거리와 비슷한 존재일지도 모른다.

"국회의원들이나 장관들은 모두 다 쓰레기야."

"멀쩡하던 사람도 여의도만 가면 다 변해. 전부다 도둑놈들이야."

"우리나라에는 진정한 지도자가 없어. 그래서 우리는 선진국이 되기 어려운거야."

"국회를 아예 없애버렸으면 좋겠어. 저런 놈들에게 주는 세비가 다 아깝다."

정치인에 대한 수도 없는 비난의 말들이 우리 주위에 난무하고 있다. 어쩌면 우리 모두 자신도 모른 채 이러한 욕을 한두 번은 다 했을지도 모른다. 그런데 가만히 생각해 보면, 대통령, 국회의원, 시장, 도지사들 모두 우리 국민들이 뽑은 사람들이다. 과거 군사독재 시절처럼 총칼로 쿠데타를 일으켜 정권을 잡은 것이 아니다. 이 벼슬아치들은 모두 민주주의 하에 국민들에 의해 다수결 투표로 뽑힌 우리들의 공복(公僕)이다. 그런데 도대체 왜 우리나라의 정치인들은 선거철에 말한 것을 다 지키지 않고 당리당략에 사로잡혀 나중에 국민을 배신하고, 심지어는 부정부패까지 저지르는 걸까? 반면 선진외국의 정치인들은 왜 우리보다 상대적으로 더 깨끗한 정치를 할 수 있는 것일까?

나는 검사시절 미국 노스캐롤라이나에 있는 듀크(Duke) 대학교에 연수를 간 적이 있었다. 당시 나는 중고차를 한 대 사서 미국 동부 일대를 여행하였는데 고속도로의 최고 제한속도가 시속 70마일(약112킬로미터)인 경우가 많았다. 그런데 신기하게도 정말 도로 위의 자동차들이 대부분 70마일 이하로만 달리고 그 이상 속도를 내는 차가 거의 없었다.

"야. 정말 선진국 국민들은 다르네. 우리나라 같았으면 과속하는 차들이 많았을 텐데……"

속으로 이런 생각을 하고 있었는데 그 순간 눈에 들어온 장면이 충격적이었다. 도로 곳곳에 몰래 숨어있는 경찰차들이 힐끔힐끔 보인 것이다. 나중에 미국 현지에 있던 대학후배에게 들은 바에 의하면, 심한 경우는 경찰이 택시로 위장해서 과속을 단속하기도 한다고 했다. 또한 한 번 과속에 걸리면 벌금이 우리나라보다 훨씬 많고, 심지어 제한속도에서 30마일이 넘을 경우는 바로 체포되어 감옥에 간다. 그리고 석방되려면 보석금과 변호사 비용으로 족히 수백만 원 이상 든다고 한다.

북미대륙에는 우리나라와 달리 도로에 과속감시 카메라가 없다. 그것이 사생활 침해라고 위헌판결이 났기 때문이다. 그러니 경찰이 도처에 숨어서 과속을 단속하는 것이다. 나는 그때 문득 깨달았다.

"미국 사람들의 국민성이 우리보다 우수한 것이 아니라 결국 법과 제도의 문제이구나……"

그렇다. 사실 온갖 민족들이 혼재하여 있는 미국 국민들 수준이 우리보다 높으면 얼마나 높을 수가 있겠는가? 우리나라보다 문맹률도 높고, 다민족국가라서 애국심이나 동질감도 우리보다 훨씬 약하지 않는가?

그렇다면 그들과 우리의 차이점은 민족성, 국민성 혹은 민도(民度)가 아닌, 시스템의 차이에서 비롯된 것으로 해석해야 한다. 만약 우리나라도 미국처럼 경찰이 도처에 몰래 숨어서 과속을 감독하고, 위반할 경우 처벌이 아주 세다면 결코 과속하는 차들이 없을 것이다.

그럼 정치 역시 마찬가지 아닐까? 우리나라 정치인들 자체가 다른 선진외국에 비해 타고난 이기주의자들이라서가 아니라, 이를 감시하는 우리국민들이 선진외국에 비해 둔하기 때문일 수도 있다.

영국의 윈스턴 처칠(Winston Churchill)은 제2차 세계대전의 영웅이었지만 막상 전후 총리선거에서 패배하였다.

"처칠은 전시에는 훌륭한 지도자이지만 전후 복구를 위한 경제 전문가는 아니야."

영국 사람들은 아마 이렇게 판단하였을 것이다. 1945년 5월 8일 독일이 항복한 날 영국 국민들은 열광했고 처칠은 영웅이 되었다. 그리고 불과 2개월 뒤 1945년 7월 국회의원 총선이 있었는데 모두가 당연히 전쟁영웅인 처칠이 압승하여 다시 총리직을 수행할 것으로 예상했다. 그러나 결과적으로 국민의 선택을 받은 건 전쟁영웅 처칠의 보수당(Tory Party)이 아니라 클레멘트 애틀리(Clement Attlee)가 이끄는 노동당(Labour Party)이었다.

전쟁이 끝난 후 영국국민에게 절박했던 건 전후복구와 민생 안정이었기에, 그들은 그런 문제 해결에 있어서는 점진적 사회주의를 표방하는 노동당이 더 나을 것이라고 판단한 것이다. 영국국민은 과거에 얽매여 감정적으로 표를 던진 것이 아니라, 미래를 위한 냉정한 판단 하에 소중한 한 표를 행사한 것이다.

한편 야당 신세로 전락한 보수당도 다시 권력을 잡기 위해 변해야 했다. 그래서 그들은 이러한 시대적 흐름에 발맞춰 그동안의 정치노선을 수정하여 적극적으로 시대적 요구를 수용했고, 그 결과 1951년 총선을 통해 권력을 되찾을 수 있었다. 보수당 역시 미래를 위해 변화를 하였기에 영국국민의 선택을 다시 받을 수 있었던 것인데, 나는 우리나라의 보수당도 영국 보수당의 이러한 유연함을 배워야 한다고 생각한다.

결국 정치는 정치인이 하지만 그 정치인을 변화시키는 것은 정치인 스스로가 아니라 바로 국민이다. 우리는 무능하고 부패한 정치인을 욕할 것이 아니라, 그러한 정치인을 뽑은 스스로를 반성하고 더 똑똑해져야만 한다. 만약 윈스턴 처칠이 우리나라에서 전쟁영웅으로 전후 총선을 치렀다면 어땠을까? 아마 우리 국민들은 당연히 그에게 압도적인 지지를 했을 것이고, 어쩌면 그의 아들 역시 대를 이어 총리직에 올랐을지도 모른다.

원숭이들은 침팬지가 아무리 유능해도
결코 침팬지를 자신들의 지도자로 뽑지 않는다

원숭이뿐만 아니라 이 세상의 모든 동물들은 다 자신과 비슷한 수준의 것을 지도자로 뽑는다. 결국 침팬지처럼 유능한 지도자를 뽑기 위해서는 국민이 멍청한 원숭이에서 똑똑한 침팬지로 성장해야 한다. 국민이 '매의 눈'으로 정치를 감시하고 선거에서 표로 냉정하게 심판할 때 우리나라의 정치는 당연히 발전할 것이고, 부패하고 무능한 정치인들이 더 이상 설 땅이 없어지게 된다. 국민이 지역감정이나 특정 이념에 사로잡혀 나라의 미래는 안중에도 없이 가볍게 표를 던진다면 그 나라의 앞날은 어두울 것이다.

검은 고양이든 흰 고양이든 쥐만 잡으면 된다: 흑묘백묘(黑猫白猫)
남쪽으로 넘든 북쪽으로 오르던 언덕만 넘으면 된다: 남파북파(南坡北坡)

이 말은 1970년대 말부터 덩샤오핑(鄧小平)이 취한 중국의 실용주의 경제정책을 상징하는 말이다. 원조 공산주의 나라인 중국조차도 더 이상의 정치이념 때문에 경제를 등한시 할 수 없다고 생각하게 된 것이다. 빛깔이 어떻든 고양이는 쥐만 잘 잡으면 되듯이, 자본주의든 공산주의든 상관없이 중국 인민을 잘 살게 하면 그것이 제일이라는 의미이다. 또한 이 말은 부유해질 수 있는 사람부터 먼저 부유해지라는 뜻의 선부론(先富論)과 함께 덩샤오핑의 경제정책을 가장 잘 대변하는 용어이다.

정치의 최종 목적지는 국민들이 잘 먹고 잘 살게 해주는 것이지 다른 것 없다. 이념은 일종의 내면적 신념이고 마치 종교와 같아서 남에게 강요할 수도 없고 강요해서도 안 된다. 정치이념 역시 그 중 하나일 뿐이다. 나는 평소 TV 패널로 자주 방송에 출연했는데 많은 이들이 나에게 종종 이런 질문을 한다.

"강 변호사님은 보수입니까? 진보입니까?"

나는 이렇게 답변한다.

"나는 우리나라가 세계 최고의 선진국이 되길 바라는데, 그러기 위해서는 법과 시스템에 의한 정치가 반드시 선행되어야 합니다. 왜냐하면 법치(法治)가 아닌, 사람이 하는 인치(人治)는 반드시 변하고 부패하기 때문입니다. 그렇게 해줄 수 있는 당이라면 그 어느 것이라도 지지하겠습니다."

사실 자본주의가 우리 인류사회를 발전시킨 견인차 역할을 한 것은 부인할 수 없다. 그렇지만 강자만이 살아남는 '정글의 법칙'도 옳지 않으며, 약자도 함께 잘 살 수 있는 복지국가가 반드시 이뤄져야 한다. 비행기는 왼 날개(左翼)와 오른 날개(右翼)가 모두 있어야 똑바로 날 수 있다. 결국 이렇듯 좌우가 조화된 정치가 가장 이상적인 정치일 것이다.

7. 리더와 팔로워

예전에 라디오프로에서 어느 여대생이 인터뷰를 하는 얘기를 들은 기억이 난다. 그녀의 지역구 국회의원이 새벽에 빗자루로 동네를 청소하고 양로원에 가서 앞치마를 두르고 밥 퍼주는 일을 도와주고 있었나 보다. 그녀는 라디오에서 이렇게 국회의원에게 일침(一針)을 가했다.

"우리는 비싼 세비(歲費)를 주고 청소부나 도우미를 뽑은 것이 아닙니다. 국회의원이 그런 일 하는 것은 다 정치쇼에 불과하다 생각합니다." 이어서 그녀는 이런 말도 덧붙였다.

"그런 일 말고 선진외국의 의원들처럼 보다 나은 법과 제도를 만드는 일에 최선을 다해주세요. 우리는 그러한 지도자를 원합니다."

정말 멋지고 통쾌한 비판이었다. 아직 어린 여대생의 입에서 나온 말이라고는 믿기 힘들만큼 깊은 철학이 담긴 작심발언이었다. 국회의원이나 지자체의 장은 리더(leader)이지 팔로워(follower)가 아니다. 우리나라를 이끌어주는 리더가 되기 위해서는 남들보다 훨씬 많은 노력과 공부를 해야 하며, 강철 같은 용기가 필요하다. 선거구민에게 인기를 끌어 다음선거에서 이기고 싶은 정치인의 마음은 충분히 이해가 된다. 하지만 나는 그러한 사람들의 위선과 가식에 이제 진저리가 난다. 선거 때만 되면 길바닥에 돗자리 깔아놓고 표를 구걸하는 거지같은 정치인, 철만 되면 고아원에 가서 라면박스 앞에 놓고 사진

찍는 파퓰리즘 정치인, 소신이나 신념 없이 당의 지시에만 따르는 줏대 없는 정치인, 온갖 지키지 못할 거짓공약으로 선거구민들을 현혹하는 뺑쟁이 정치인……. 이제 제발 이러한 삼류 정치인들은 모두 사라졌으면 좋겠다.

하늘을 나는 철새들을 보아라. 그들 중 우두머리가 나머지 새들을 이끌고 목적지로 날아가는데, 그 녀석은 반드시 대열을 'V'자 모양으로 정렬하여 자신이 맨 앞에 앞장서서 무리를 이끈다. 즉 어떤 우두머리 새도 뒤에서 무리들을 쫓아가는 경우는 없다. 그 우두머리는 이미 오랜 경험 속에서 선배 우두머리 새들로부터 어느 방향으로 가야 안전하게 목적지에 도달하는지를 잘 배워서 알고 있는 것이다.

"국민들의 여론이 이러니 무조건 따라가는 것이 올바른 정치인의 태도 아니겠습니까."

"지금 다들 이게 옳다고 하는데 당신이 뭔데 국민의 뜻을 무시하는 겁니까?"

"지금 이 법안을 반대하는 것은 국민의 뜻에 역행하는 행위입니다."

우리는 이런 말을 하는 정치인들을 많이 보아왔다. 물론 국민의 여론을 무시할 수는 없다. 하지만 여론만 따라다니는 정치라면 누구나 할 수 있는 쉬운 일이다. 아마 여론조사 전문가들이 가장 정치에 적합할 수도 있을 것이다.

사실 민주주의 최대 장점이자 단점이 바로 '다수결의 원칙'이다. 그런데 다수결의 원칙은 '차악(次惡)'의 선택이지 '최선(最善)'의 선택은 아니다. 이 말은 최악(最惡)인 독재보다는 낫지만, 다수의 의견이 반드시 옳은 것은 아니라는 의미이다. 그렇기 때문에 다수결의 원칙에는 반드시 '법치주의(法治主義)'라는 제동이 필요하다. 비유를 하자면, 다수결의 원칙이 자동차의 액셀러레이터라면, 법치주의는 브레이크에 해당된다. 즉 다수가 잘못된 선택을 할 때 우리나라 헌정체제의 매뉴얼인 '법치주의'가 이를 보완해줘야 하는 것이다.

과거 제2차 세계대전 당시 독일국민들은 다수결의 원칙으로 히틀러를 뽑았고 그를 열렬하게 지지하였다. 당시 독일국민들은 헌법질서를 망각한 채 히틀러가 이끄는 '나치당'에게 전권을 준 것이다. 하지만 그 결과 독일은 전 세계에 씻지 못할 죄악을 저질렀으며 나라는 망하였다. 이토록 다수결의 원칙에는 늘 함정이 도사리고 있다.

만약 절대 다수를 차지하는 측이 '다수결의 원칙'을 남용하여 자신들이 원하는 바를 상대측과 아무런 협의도 없이 일방적으로 밀어붙인다면 이는 분명히 실질적 민주주의에 역행하는 일이다. 물론 다수결로 통과시켰으니 형식적으로 법에는 어긋나지 않겠지만, '법은 도덕의 최소한❖'에 불과하며 그 상위에 헌법정신이 있음을 간과해서는 안 된다. 이 점은 비단 정치뿐만 아니라 기업, 모임, 단체 등 어느 분야에나 같이 적용될 수 있다.

아무리 힘이 있는 자라도 법을 이용해 약자를 괴롭히는 것이 합리화 될 수 없듯이, 아무리 다수라도 넘지 말아야 할 선이란 게 있다. 그리고 늘 자신도 장차 힘을 잃었을 때를 대비하기 위해서라도, 어느 정도 상대방을 배려해야 한다. 특히 국회의원들은 본인 스스로 하나

❖ 독일의 공법학자 옐리네크(Jellinek)가 한 말. 인간으로 지켜야 하는 규범인 도덕 중 극히 핵심적인 내용만 법으로 정해 놓은 것이라는 말. 즉 법만 지키면 그만이라고 생각하면 안 된다는 의미이다.

하나가 헌법기관임을 잊지 말아야 한다. 헌법기관 스스로 헌정질서를 무너뜨린다면 이는 바로 누워서 자기 얼굴에 침을 뱉는 행위가 아니겠는가?

한편 어떤 사회 저명인사들은 유투브 등 개인방송을 통해 너무 저속한 표현으로 누군가를 비난한다. 심지어 그 사람의 사생활까지 들춰내고, 근거도 없이 명예를 훼손하며 비아냥거리기도 한다. 정치적 신념과 사상이 다르다는 이유만으로 마치 부모라도 죽인 원수라도 되는 양, 한 사람의 인격 자체를 잔인하게 파괴하는 행위는 바람직하지 않다. 설사 그 사람이 실제로 커다란 잘못을 저질렀다고 해도 말이다. 목적이 수단을 합리화할 수 없기 때문이다.

언어의 한계는 세계의 한계다

오스트리아의 천재 철학자 '비트겐슈타인(Wittgenstein)'이 한 명언이다. 사람의 언어를 보면 그 사람의 세계가 느껴진다. 왜냐하면 그 언어 안에는 그 사람의 철학, 인격, 지식, 세상을 바라보는 가치관 등이 모두 들어있기 때문이다. 아무리 그걸 숨기려 해도 주머니 안의 송곳처럼 튀어 나온다(囊中之錐).

그래서 국회의원을 비롯한 사회적 지도층이나 인플루언서(influencer)❖ 등은 국민의 대표이자 오피니언 리더(opinion leader)로서, 자신의 의사를 표현할 때 단어 하나하나를 신중하게 선택해야 한다.

❖ SNS 상에서 많은 수의 팔로워(follwer: 구독자)를 통해 대중에게 영향력을 미치는 사람.

절대로 시정잡배(市井雜輩)와 같이 경박스러운 말이나 비속어를 마구 내뱉어선 안 된다. 말이란 것은 한 번 뱉어버리면 다시 주워 담을 수 없기 때문이다. 언어의 한계를 극복하려면 먼저 자신의 세계를 넓혀야만 한다. 더 많이 공부하고, 사고하고, 반성해야 한다. 같은 표현이라도 보다 점잖고 품격 있게 하고, 가능한 자극적인 단어보다는 은유적인 단어를 구사하며, 직설적 표현보다는 에둘러 표현하는 여유로움이 있어야 한다. 막말을 하는 것이 무슨 대단한 용기라도 되는 것처럼 생각하면 큰 오산이다.

사람은 말로 자신의 세계를 표현하기 때문에 그 말에 향기가 나기도 하고, 때로는 악취가 나기도 한다. 우리는 온화하고 사려 깊은 말을 하는 사람을 리더로 뽑아야 한다. 대개 자극적이고 가벼운 말을 하는 사람은 그 안의 내면세계도 천박하고 야비할 가능성이 크다. 그들에게 정치철학이나 미래비전은 애초부터 존재하지 않는다. 그들은 오로지 여론 혹은 소속당의 눈치나 보는 팔로워의 신세일 뿐이고, 공직을 유지하기 위해서는 물불 가리지 않는다. 그들은 마치 '하수구 안의 생쥐'처럼 끊임없이 가벼운 눈동자를 돌리며, 어느 것이 자신에게 유리한가에만 몰두한다. 나는 이렇게 곡학아세(曲學阿世)하는 얍삽한 사람은 설사 당장의 벼슬이 높다고 해도 리더로서 자격이 전혀 없다고 생각한다.

진정한 정치인은 리더가 되어야지, 팔로워가 되어서는 안 된다. 만약 다수의 의견이 잘못된 방향으로 가고 있다면, 자신의 모든 걸 걸고라도 바로잡아 줄 수 있는 용기가 있어야 진정한 정치인이자 지도자이다. 국민들 역시 그런 리더를 뽑아야 선진국 국민이 될 자격이 있다. 철새들이 어리석은 리더새를 뽑으면 결국 엉뚱한 장소로 이동하여 모두 떼죽음을 당하게 된다.

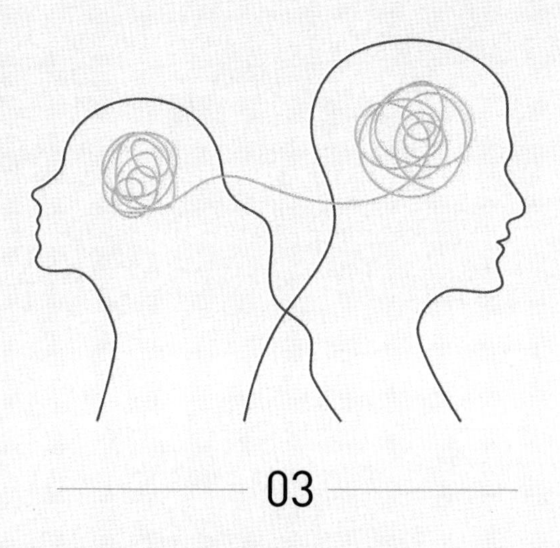

03

지혜로운 삶

03

지혜로운 삶

1. 장판교 전투

삼국지에 보면 인상 깊은 전투신이 몇 개 나오는데 그중 우리에게 많은 교훈을 주는 것이 바로 '장판교 전투' 이야기이다. 유비의 아들 '아두'를 품에 안은 조자룡은 조조의 백만대군 포위를 필사적으로 뚫었다. 백마를 탄 채 장판파(長坂坡)에서 수많은 조조 군을 물리치고 탈출하는 장면은 삼국지 전투장면 중 가장 화려한 대목이다. 조자룡은 결국 탈출에 성공하여 장판교(長坂橋)를 향해 말을 달렸다. 이때 다리 입구에서 장비가 장팔사모를 당당하게 잡은 채 홀로 서서 조자룡에게 외쳤다.

"자룡은 어서 가시오. 뒤는 내가 맡겠소."

조자룡은 다리를 통과하여 안전하게 대피하였고, 다리를 홀로 막고 있던 장비가 조조의 군대를 맞이하게 되었다. 잠시 후 조자룡을 뒤

쫓아 달려온 조조의 군대는 다리 위에서 혼자 버티고 있는 장비를 보고 순간 멈칫했다.

장비는 조조 군에게 이렇게 외쳤다.

"조조 이놈. 어서 오너라. 내가 너를 상대해 주마."

장비는 마치 자신의 뒤에 복병을 감추고 적을 유인하는 것처럼 나름 꾀를 내어 허풍을 떤 것이다. 마치 포커게임에서 안 좋은 패를 들고 상대를 죽게 만들려고 블러핑(bluffing)을 하는 것처럼 말이다. 혈혈단신으로 장판교를 지키며 당당히 버티는 장비를 보고 꾀돌이 조조는 주저하였다. 왜냐하면 조조는 여러 번 제갈량의 복병전술에 당한 아픈 기억이 있기 때문이다. 장비의 외침에 조조 장수인 하후걸이 놀란 나머지 말에서 떨어져 그 자리에서 죽었다. 이를 본 조조는 너무 놀라 전의를 상실한 채 그대로 말머리를 돌려 물러섰다. 하지만 얼마 후 조조는 장비가 장판교 다리를 부수고 달아나 버리는 것을 먼발치에서 지켜보았다.

"만약 장비가 정말로 나를 유인하려고 했다면 다리를 부술 리가 없다. 이는 뒤에 복병이 없다는 것이다."

영리한 조조는 그때서야 장비가 허장성세(虛張聲勢)를 부린 것을 알아차리고 군사들에게 다리를 복원하라고 명하고 다시 장비를 추격하였다.

이것이 그 유명한 '장판교 전투' 이야기이다. 사실 평소 용맹무쌍하지만 지혜와 참을성이 부족한 장비가 나름 임기응변을 낸 것이다. 그런데 거기까지가 장비의 한계였다. 그만 장판교를 부숴버리는 바람에 사실 매복병이 없음을 눈치 빠른 상대에게 알려주는 어리석음을 범한 것이다.

삼국지를 읽다보면 이 장판교의 전투와 대비되는 또 다른 전투가 있다. 바로 제갈량(제갈공명)과 사마의(사마중달) 사이에 벌어진 '서성(西城) 전투'이다. 위나라의 장수 사마의가 '가정전투'에서 마속의 군사를 처부수고, 15만의 대군과 함께 달려왔다. 저 멀리 제갈량이 지키는 서성이 보이자 사마의는 군사들을 독려했다.

"반드시 저 안에 있는 제갈량을 잡아 죽여 후환을 없애야 한다."

한편, 변변한 장수 하나 남지 않은 채 2천여 명의 병졸들이 지키고 있는 서성에서는 다들 죽음의 공포에 떨고 있었다. 서성의 함락은 불을 보듯 뻔한 일이었다. 하지만 제갈량이 누구인가? 그는 마치 사마의가 오기만을 기다렸다는 듯이 성문을 활짝 열어 놓고, 병사 한두 명만 그 앞에서 일부러 졸고 있게 한 것이다. 그리고 제갈량은 성 망루에서 하얀색 옷을 입고 거문고를 한가하게 틀고 있었다. 이를 본 사마의는 한 동안 고민하다가,

"저렇게 우리를 대놓고 유인하려는 걸 보니 수상해. 아마 틀림없이 성안에 함정이 있을 거야."

라고 생각 한 채 전군에 철수명령을 내리고 회군해 버렸다. 사실 제갈량은 평소 복병전술을 많이 쓰기로 유명했기에 사마의는 이번에도 그럴 거라 믿은 것이다. 절체절명의 위기 속에서 제갈량이 보여 준 절묘한 승부수가 제대로 먹힌 것이다. 사마의가 돌아간 후 제갈량은 이렇게 말했다.

"사마의는 내가 평생에 위험한 짓을 통해 희롱한 적이 없는 사람인 줄 알고 복병이 있을까봐 의심하여 퇴각한 것이다. 내 하도 곤핍하

여 부득이 이 계책을 썼도다."

제갈량의 이 전략이 바로 '공성계(空城計)'라는 것인데 손자병법 36계 중 하나이다. 즉 공성계는 자신의 능력이 부족할 때는 의도적으로 허점을 드러내 적으로 하여금 의심과 혼란에 빠지게 하여 전진하지 못하도록 하는 일종의 심리전을 의미한다. 우리는 장비의 장판교 전투와 제갈량의 서성 전투를 보면서 거의 비슷한 상황에서 둘 다 허장성세로 상대를 혼란시키는 것을 보았다. 그런데 왜 장비는 실패하였고, 제갈량은 성공하였을까?

장비는 어설픈 연극을 하였지만 자신의 불안한 심정을 결국은 드러내 버렸기 때문에 실패하였고, 이에 반해 제갈량은 끝까지 두려운 속내를 감춘 채 승부수를 던졌기 때문이다. 우리가 세상을 살다가 보면 이러한 승부수를 던져야 하는 경우가 종종 생긴다. 어떤 회사가 거래처와 계약조건을 따져 거래를 성사시켜야 할 때, 직장을 구하는 취준생이 직장과 근로계약을 맺어야 할 때, 자신의 아파트를 누군가에게 매도할 때, 심지어는 연애를 하면서 밀당을 할 때도 보이지 않는 심리전이 치열하게 전개된다. 이러한 심리전에서 이기기 위해서 어떤 자세가 필요할까? 나는 이렇게 정리하고 싶다.

자신이 원하는 바가
반드시 현실이 된다는 것을
진정으로 믿어라

장비의 입장에서 정말 조조를 속이려고 했다면 자신이 많은 군사가 있는 것처럼 스스로 확신하고 행동해야만 한다. 그런데 장비는 장판교를 떠나면서 자신의 현실이 '워너비(wanna-be)'❖ 상황과 다른 점을 떨쳐버릴 수 없었기에 불안하여 그만 장판교를 부수는 실수를 한 것이다.

수험생의 입장에서 바라봐도 이치는 같다. 자신이 그동안 원하는 대학을 가기 위해 많은 노력을 하였고 그러한 노력이 헛되지 않을 것이라는 신념을 갖고 시험장에 임하면 두려움에 떨 필요가 없다. 그러면 실수 없이 시험을 볼 수 있고 결과도 틀림없이 좋을 것이다.

최선을 다한 자는 결과를 두려워하지 않는다

하지만 자신의 노력에 대한 결과에 확신을 갖지 못하면 불안함과 두려움에 치명적인 실수를 할 수 있다.

제갈량의 입장에서는 어차피 '이래 죽나, 저래 죽나' 마찬가지였다. 그래서 그는 마지막 승부수를 던진 것이고 결과에 대한 확신이 있었기에 성공한 것이다. 하지만 장비는 어차피 도망치는 마당이니 '혹시 다른 선택의 여지가 더 있을지도 모른다.'는 안이한 생각을 했기에 승부수를 못 던진 것이다. 이처럼 배수진(背水陣)을 친 자는 더 이상의 최악의 결과가 없기에 '이판사판'의 심정으로 승부수를 걸 수 있다. 이러한 절박함은 바로 자신에 대한 믿음으로 승화되어 의외로 좋은 결과가 나올 수 있다.

❖ '무언가가 되고 싶다' 영어 [want to be]를 연음으로 발음한 말. 1982년 뉴스위크지가 처음으로 이 단어를 썼다.

'공성계'라는 전략은 정말 심리전(心理戰)의 최고 경지인 것 같다. 나는 가끔 영화를 감상하는데 가장 좋아하는 장르가 바로 이렇게 심리전이 있는 영화이다. 심리전에 강하다는 것은 아주 좋은 무기이며 세상을 살아가는데 대단히 유용한 자산이기도 하다. 우리 주위에는 필요 없이 떨어서 실수하거나 좌절하는 사람들이 의외로 많은 것 같다.

믿음은 바라는 것의 실상이요
보이지 않는 것들의 증거이다

신약성경 히브리서 제11장 제1절에 나오는 구절이다. 우리가 만약 결과를 알고 인생을 산다면 그 인생이 얼마나 재미가 없을까? 결과를 모르기에 처음 보는 영화가 설레고 더 재미있는 것처럼 인생도 마찬가지 아닐까?

이렇듯 결과를 알 수 없기 때문에 우리에게 '믿음'이라는 무기가 반드시 필요하다. 내가 말하는 믿음이란 것은 반드시 신앙적 믿음만을 의미하는 것은 아니다. 자신의 선택에 대한 믿음도 포함된다. 이러한 믿음이란 무기를 갖고 인생을 헤쳐 나가는 사람은 그렇지 못한 사람들보다 더 쉽게 성공할 수 있다. 나는 가끔 후배들로부터 이런 질문을 받곤 한다.

"선배님, 회사에서 상사로부터 정말 인정받고 귀여움을 받으려면 어떻게 해야 하나요?"

나는 이렇게 대답한다.

"상사를 정말로 이해하고 존경해서 그에게 믿음을 심어 줘야해.

그럼 그분도 너에게 마음을 열고 너를 끌어주려고 할거야. 상사의 단점을 뒤에서 몰래 욕하면 상사에게 조만간 네 마음을 들통 나게 되니 아예 그런 마음 자체를 갖지 않도록 해봐."

우리가 누군가에게 믿음을 심어주려면 자신을 먼저 믿어야 한다. 자기에 대한 믿음이 없이 남에게 신뢰를 준다는 것은 매우 어렵고, 이는 스스로에게 가하는 정신적 고문이다. 그리고 상대방을 겉으로만 존경하는 척하는 게 아니라 진심으로 상대의 장점을 크게 보고 그의 입장에서 이해해야 한다. 동물들도 자신을 좋아해서 머리를 쓰다듬는 사람과 자신을 잡아먹으려고 머리를 쓰다듬는 사람을 구분한다고 한다. 그것은 표현을 하지 않아도 마음으로 느끼게 되는 감각적인 반응 때문일 것이다. 결국 당신이 상대방의 마음을 얻으려면 먼저 자신에 대한 '믿음'이란 장막으로 다른 감정을 모두 덮을 수 있는 '완벽한 위장술'이 필요하다.

2. 두 갈래 길

삼국지 얘기가 나왔으니 내친 김에 제갈량과 조조 얘기도 해보자. 그 둘의 지략대결에서 조조가 보기 좋게 패배한 일화이다.

조조군은 적벽대전에서 주유와 제갈량에게 대패하여 많은 전함과 군사를 잃었다. 간신히 살아남은 조조는 패잔병을 이끌고 그의 본거지 허창으로 돌아가려 했지만 아직도 장애가 남아 있었다. 바로 유비 휘하의 장수인 장비, 조자룡, 그리고 관우. 이들은 각각 제갈량의 지시에 따라 조조의 예상 퇴로 길목에 매복하고 있었다.

조조는 적벽대전에서 대패하고 허창으로 도망가면서도 주유와 제갈량을 들먹이며, '이런 곳에 매복을 시켰다면 우리는 꼼짝 없이 잡혔을 텐데 아직 그들이 세우는 계책이 나를 따르지 못하구나.'라고 속으로 비웃다가 얼마 못가 장비의 매복에 간신히 살아 달아났다(1차 매복).

그 후 다른 곳으로 급히 도망을 가면서, 또 그렇게 웃고 자만하다가 이번에는 조자룡의 매복에 당하고 말았다(2차 매복).

백만의 군사 대부분을 잃은 채, 이제 몇 안 되는 장병만 남은 조조가 허창으로 가는 마지막 길목에 이르렀을 때, 그 앞에는 두 갈래 길이 놓여있었다. 한 곳에서는 연기가 모락모락 나고 있었고, 다른 한 곳에서는 연기가 나지 않는 적막한 곳이었다. 이때 조조는 어떤 곳을 택할지 망설이다가 연기가 나는 곳인 화용도(華容道)❖를 택했다.

'실즉허지 허즉실지(實卽虛之 虛卽實之)'

'있는 듯하며 없고, 없는 듯하며 있다'

조조는 이 병법을 떠올리며 또다시 적을 비웃으면서❖❖ 일부러 연기 나는 곳으로 갔다. 조조는 제갈량이 일부러 한 쪽에 연기를 피워 군사들이 있는 것처럼 가장하고 실을 다른 길에 군사들을 매복하였을 것이라 믿은 것이다. 역시 꾀돌이 조조다운 생각이었다. 하지만 제갈량이 누구인가? 조조의 그러한 생각까지 미리 예상한 것.

조조는 연기가 나는 곳으로 도망치다 그곳에 매복한 적장 관우를

❖ 화용도는 조조와 관우의 서글픈 만남이 이뤄진 장소로서, 나중에 같은 이름으로 소설과 판소리극이 만들어지기도 했다.

❖❖ 여기서 조조가 허창으로 도망가면서 제갈량의 병법을 도합 세 번이나 비웃다가 큰 화를 당한 웃음을 '조조삼소(曹操三笑)'라 한다. 이는 조조가 곤경에 처했을 때도 제갈량과 주유가 지략이 없다고 '세 번이나 비웃었다'가 낭패를 당한 고사에서 유래되었다.

만났다(3차 매복). 조조는 싸울 힘이 없는 절박한 상황에서 관우에게 목숨을 구걸하였다. 한때 조조에게 의탁했고 그로부터 '적토마❖'란 명마(名馬)까지 선물 받았던 관우 입장에서 매몰차게 조조를 죽일 수는 없는 노릇이었다. 결국 관우는 조조를 살려주었다.

앞서 제갈량이 관우에게 화용도에 가서 연기를 피우고 있으라고 했을 때, 관우는 의아해서 그 이유를 물었다.

"승상, 군사를 매복하고 연기를 피우면 오히려 조조에게 우리의 정체가 탄로 날 텐데요?"

그랬더니 제갈량은 이렇게 답변했다.

"조조는 병법을 알고 꾀가 많아 연기를 피우는 것 자체가 거짓함정이라 여기고 그리로 올 것이다."

정말 한 수 앞을 내다보는 혜안이 아닐 수 없다. 제갈량은 조조의 병법 수준을 이미 예상해서 오히려 역으로 허를 찌른 것이다. 역시 제갈량이 조조보다 확실히 한 수 위였다. 만약 상대가 조조가 아닌 어리석은 자였다면 제갈량은 그와 같은 전술을 펴지 않고, 평범하게 반대쪽 길에 연기를 피웠을 것이다. 사실 싸움의 결말은 좀 이상하였다. 제갈량 정도의 천재라면 관우가 조조에게 입은 옛 은혜 때문에 그를 죽일 수 없을 거라는 점도 예상했을 텐데, 마지막 길목을 관우에게 맡긴 점은 이해가 안 되었다. 그것은 아마도 소설이라는 극적인 장면을 연출하기 위해 약간의 허구가 가미되었기 때문일 것이다.

나는 삼국지를 여러 번 읽었는데, 이 두 갈래 길에서 조조의 선택

❖ 하루에 천리(약 400km)를 달리는 삼국지 전체를 통해 최고의 명마라고 일컫는 말. 원래 이 말은 여포가 타고 다녔는데 조조가 그를 죽이고 차지했다.

이 늘 인상 깊었다. 두 천재끼리의 수 싸움이 번득이는 장면이어서다. 사실 조조는 두뇌 회전과 판단력이 무척 빠른 대단한 지략가이다. 그런데 그런 조조의 생각을 꿰뚫어볼 수 있는 사람이 바로 제갈량인 것이다.

나는 이 대목에서 지도자의 덕목, 즉 세상을 읽을 수 있는 '통찰력'에 관하여 말하고자 한다. 한 나라의 지도자에게 가장 필요한 점은 이러한 통찰력, 즉 몇 수 앞을 내다볼 수 있는 힘이다. 지도자는 현실적으로 정확하게 사태를 파악하고 이에 대해 정확한 대책을 강구해야 한다. 뿐만 아니라 그 대책에서 비롯되는 장·단기적 결과까지 미리 예측해 그에 대한 보완책까지도 준비해야 한다. 당장의 눈앞의 사태 해결에만 급급하여 미봉책으로 문제를 해결하는 것은 눈 가리고 아웅하는 것과 다름없다.

지도자에게 그런 능력이 없으면 그 나라의 국민들은 적들이 파놓은 함정에 빠져 몰살을 당하게 되는 것이다. 비단 전쟁에서만 해당되는 얘기가 아니다. 우리는 평화 시에도 다른 나라와 경제적, 문화적, 군사적으로 치열한 경쟁을 해야 한다. 특히 경제적 성장은 한 나라의 흥망을 결정하는 매우 중요한 요소이다. 과거 조선이 쇄국정책을 펴고 '우물 안 개구리'처럼 행동하는 바람에 나라를 빼앗겼다. 나라에 힘이 없으면 다른 나라의 지배에 들어갈 수밖에 없다. 설사 과거 제국주의 시대처럼 식민지가 되지 않는다고 해도, 경제적 식민지로 전락될 수 있다.

우리에게는 언제나 두 갈래 길이 놓여있게 된다. 아니 어쩌면 세 갈래 이상의 길도 나올 수 있다. 이런 경우 지도자는 최상의 길을 선택해야만 한다. 최상의 선택은 자기 나라 국민들이 안전하고 잘 살 수 있는 길이다. 반면 지도자가 국민들의 안위를 뒷전으로 한 채 자신의 세력이나 특정한 이념에만 사로잡혀 이를 고집한다면 그 나라는 희망이 없다.

지금 전 세계는 나라마다 저마다 한 푼이라도 더 벌어들이려고 여러 개방정책을 써서 기업들을 유치하려 한다. 특히 중국이나 동남아 국가들은 기업들에게 여러 세제 혜택을 주고 공장부지도 무상으로 제공하곤 한다. 요즘은 미국 역시 드넓은 국토를 무기삼아 공장부지를 무상으로 제공하는 등 여러 혜택을 주어 타국의 기업을 유치하려고 한다. 그렇게 되면 선진기술도 도입되고, 자기 나라 국민들의 일자리도 마련되며 현지법인으로부터 세금도 징수할 수 있어 일거양득이다. 정말 국제적으로 모든 나라들이 치열한 생존경쟁을 하는 것이다.

한편 우리의 경우는 어떠한가? 특출한 몇 개의 재벌기업에 의존도가 너무 심하고, 정치인들에게는 폭넓은 식견이나 글로벌 마인드도 별로 없어 보인다. 국회의원들은 '우물 안 개구리'마냥 눈앞의 일에만 집착해 서로 억지 주장을 하고, 정작 기업과 국민들을 위한 실용적 정책에는 큰 관심이 없는 듯하다. 아니 어찌 보면 그들에게는 그런 해결능력 자체가 처음부터 없었을지도 모른다. 나는 우리나라가 또 다시 구한말의 암흑기로 접어드는 것은 아닌지 심히 걱정된다.

"역사는 반복한다고 했던가……"

정말 다시는 돌이키기 싫은 치욕적인 역사. 우리는 이제 그 질곡의 고리를 영원히 끊어야만 한다. 이 땅의 지도자들이 정말 대한민국을 사랑한다면, 우리나라가 세계열강과 어깨를 나란히 하는 경제대국으로 발돋움 할 수 있도록 모든 힘을 경주해야 한다.

나는 우리의 반만년 역사 속에서 지금이 가장 잘 사는 시절이라 생각한다. 물론 과거 발해와 고구려 같이 드넓은 영토를 차지했던 영광스러운 순간도 있었지만, 경제적으로 지금처럼 풍요로운 시절은 없었을 것이다. 사실 우리나라는 불과 수십 년 전까지만 해도 늘 외세의 침략을 받았고, 백성들은 늘 가난에 찌든 후진국이었다. 오죽 하면 이런 말들이 생겼겠는가?

보릿고개 때에는 딸네 집에도 가지 마라

보릿고개가 태산보다 높다

가난과 거지는 사촌지간이다

이제야 우리나라는 그동안 오랜 동면(冬眠)을 깨고, 숨겨진 잠재력을 발휘해 세상을 향해 힘차게 나아가고 있다. 지금 우리는 세계 10대 무역국 안에 들고 1인당 국민소득은 3만 달러를 넘었다. 미국이나 유럽의 국제공항에 가면 세관들의 검색대를 통과해야 하는데, 그들이 쓰는 모니터가 거의 삼성 아니면 LG 제품들이다. 미국의 전자제품 백화점인 '베스트 바이(Best Buy)'에 가면 삼성과 LG 텔레비전이 가장 한가운데 전시되어 있다. 내가 캐나다에서 TV를 사려고 어느 가게 들어가 물어보았더니, 그 점원이 하는 말이 "삼성이 최고이고 다음이 LG이다. 그리고 일본 제품들은 그저 그렇고, 나머지들은 싸구려다."라는 것이다. 나는 그 말을 듣고 한국이 너무 자랑스럽고 뿌듯했다. 내 어린 시절에는 일제 전자제품이 판치던 시절이라 우리가 그들의 기술을 따라잡는다는 것은 정말 꿈에도 상상하지 못했다.

요즘은 유럽, 북미 대륙은 물론 중국, 동남아 등 아시아권에 가도 현대자동차가 심심치 않게 보인다. 몇 년 전만 해도 일제차가 도로를 덮었는데 실로 놀라운 변화가 아닐 수 없다. 또한 이제는 외국인들이 들고 다니는 휴대폰의 태반이 우리나라 제품이다. 남들로부터 원조를 받던 비참했던 나라가 이제는 세계가 주목하고 부러워하는 경제대국으로 변모한 것이다. 실로 우리는 불과 반백년 만에 믿겨지지 않을 정도로 엄청난 '한강의 기적'을 이루었다.

내가 1992년 미국을 처음 방문했을 때만 해도 한국자동차는 길거리에서 하루 종일 한 두 대밖에 볼 수 없었고, 사람들은 한국이 어디에 위치한 나라인지도 몰랐다. 그런데 최근에는 한국에서 왔다고 하면 대단히 반가워하며 한국제품이 너무 좋다고 칭찬을 한다. 뿐만 아니라 문화적으로도 전 세계가 K－POP을 주목하며 따라하려고 한다. 심지어 나는 한국 드라마를 보기 위해 한국말을 배우는 외국인들도 여럿 보았다.

그런데 이렇게 어렵게 이룬 우리의 발전을 이념싸움으로 퇴색시켜 버린다면 너무 어리석고 안타까운 일이 아니겠는가. 남들은 하루하루 우리를 쫓아오는데 우리가 서로 집안싸움이나 해서 멈춰 선다면 그것은 사실 후퇴하는 것과 마찬가지이다. 우리는 과거 구한말 당파싸움과 부패한 정치로 인해 나라를 빼앗긴 아픈 역사가 있다. 정당정치(政黨政治)란 것이 비슷한 생각을 하는 사람들끼리 패거리를 만들어 하는 정치이기는 하나 그것도 어느 정도 지켜야 할 선이 있다. 자기편은 무조건 옳고 남의 편은 무조건 그르다는 이른바 '내로남불'식 태도는 과거 조선시대 당파싸움을 할 때의 모습과 다를 바 없다.

임진왜란(1592~1598)이 터지기 직전, 조선은 이러한 정쟁(政爭)으로 인해 큰 화를 자초하였다. 즉 위정자들이 나라의 안위는 뒤로 한 채, 오로지 당리당략에 사로잡혀 백성들의 삶을 위험에 빠뜨린 것이다. 사실 일본은 임진왜란이 터지기 오래전부터 사전에 치밀한 계획을 세웠다. 당시 숱한 내전을 통해 전국을 제패한 도요토미 히데요시(豊臣秀吉; 1537.3.17.~1598.9.18.)는 아직 봉합되지 않은 내부의 분란을 잠재우기 위해 조선을 침략하기로 마음먹었다. 그래서 전쟁 몇 해 전부터 조선에 첩자를 보내 정세를 탐문하고 조선의 지형지물을 죄다 조사하였다. 조선은 이러한 일본의 동정을 이상하게 여기고 통신사 두 명을 파견했다. 통신사 대표는 서인 황윤길, 부대표는 동인 김성일이었다. 그런데 당시 동인과 서인은 1589년 발생한 기축사화(己丑士禍)로 인해 견원지간(犬猿之間)의 원수 사이였다.

1591년 봄에 통신사 두 명은 귀국하여 조선의 왕 선조에게 결과를 보고했다. 서인 황윤길은 일본이 전쟁을 준비하고 있는 것 같다고 보고했으나, 동인 김성일은 풍신수길이 '쥐 같은 자'라며 결코 전쟁을 일으킬 위인이 못된다고 선조를 안심을 시켰다. 그때 선조는 이 두 갈래의 길 중 당장 편안한 길인 김성일이 제시한 길을 택했다. 하지만 김성일은 사적인 자리에서 자신과 같은 동인 류성룡에게는 사실대로 전쟁위험이 있다고 실토했다. 결과적으로 그는 백성들의 안위에는 아랑곳없이 당리당략(黨利黨略)에 빠져 '반대를 위한 반대'를 한 것이었다. 그런데 그 결과는 어떠했는가? 조선은 조총으로 무장한 일본군에게 전 국토가 짓밟혔고, 백성들의 삶은 송두리째 망가져 버렸다.

이런 역사는 비단 과거의 일만이 아니다. 지금 현재에도 비슷한 상황은 계속되고 있다. 상대 정당의 말은 무조건 잘못 되었고 자기편은 무조건 옳다는 이중잣대가 지금도 판치고 있다. 잘잘못보다는 당리당략, 자신의 진심보다는 반대를 위한 반대…….

도대체 정당과 정치이념이란 것들이 무엇을 위해 존재하는가? 그것이 국민의 삶과 동떨어진, 무슨 종교와 같은 신념이라도 되는가? 결국 다 잘 먹고 잘 살자는 것 아닌가? 나는 이 땅의 위정자 여러분에게 고한다.

"지금 우리에게 두 갈래 길이 있습니다. 하나는 천국으로 올라가는 계단이고 다른 하나는 나락으로 떨어지는 지하계단입니다. 당신이 국민을 진정 사랑한다면 어느 계단을 택하겠습니까?"

나는 예전에 영국 런던에 갔을 때 그곳 국회의사당을 들른 적이 있었다. 영국의 국회의사당은 북쪽에는 빅벤, 남쪽에는 빅토리아 타워 이렇게 두 탑을 거느린 장대한 고딕 양식의 건물이다. 세계 최초로 의회 민주주의를 발전시킨 영국의 상징이자 유명한 관광명소이기도 하다. 나는 그 중 하원의사당을 들어가 보았는데 그 때 적지 않은 충격을 받았다. 생각보다 의사당 내부가 너무 작고 초라했기 때문이다. 우리나라 시의회 의사당도 그것보다 나을 것 같았다. 의원들이 앉는 의자는 녹색 벤치였는데 칸막이나 팔걸이도 없었다. 우리나라 국회의 화려하고 드넓은 구조와 대비되었다. 그들은 점심을 햄버거로 때우고 좁은 벤치에 옹기종기 모여앉아 열띤 정책토론을 한다고 했다. 반대로 우리의 경우는 어떤가? 의사당에서 핸드폰으로 게임하는 의원, 남이 뭐라 말하든 말든 SNS로 잡담하는 의원, 안락한 의자에 걸터앉아 졸고 있는 의원, 심지어 아예 출석조차 하지 않는 의원들…….

구조적으로 자리가 띄엄띄엄 떨어져 있으니 그런 장소에서 무슨 열띤 토론이 이뤄질 수 있겠는가? 당에서 정한 정책이면 자리에서 일어나든가, 찬성버튼을 누르면 그만인거지.

대한민국의 주권은 국민에게 있고
모든 권력은 국민으로부터 나온다

대한민국 헌법 제1조 제2항에 적혀 있는 내용이다. 즉 위정자들이 갖고 있는 권한은 국민들로부터 부여받은 것이다. 따라서 국회의원이나 시장이란 자리가 아무리 선출되어 얻은 권력이라고 해도 임기 동안 제멋대로 해도 되는 것이 아니다. 제발 위정자들이 실은 제 욕망을 위한 것임에도, 이를 마치 국민을 위해 하는 것처럼 포장하지 말길 바란다. 정치인은 자신의 권력이 국민으로부터 부여받은 것임을 임기 내내 단 한시도 잊어서는 안 된다.

"저희 당의 뜻이 이러니 제가 어쩌겠습니까?"

"다음 번 공천 때문에……"

누군가 이런 비겁한 말들을 하고 싶다면 당장 국회의원직에서 사퇴하길 바란다. 우리는 결코 당의 거수기(擧手機)를 뽑은 것이 아니다. 국회의원 하나하나가 바로 헌법기관이기 때문에 그들에게 수많은 특권이 주어지는 게 아닌가? 그런 특권에 걸맞게 정치인들은 지금 대한민국 앞에 놓인 두 갈래의 길 중 어느 길이 정말로 국민들을 위한 길인가를 당리당략을 떠나 생각해야 할 의무가 있다.

우리는 개인적으로도 늘 두 가지 중 하나를 선택해야 한다. 어찌 보면 인생이란 끊임없는 선택의 연속이 아닐까 하는 생각도 든다. 예전 어떤 개그프로에서 개그맨 이휘재가 두 가지 상황 속에서 "그래! 선택했어." 하면서 주먹을 불끈 쥐던 장면이 갑자기 떠오른다. 그 프로에서 그는 두 가지의 선택에 따른 전혀 다른 결과도 함께 보여주었다.

"우리 인생도 그렇게 두 가지 길 모두를 선택할 수 있으면 얼마나 좋을까?"

미국의 시인 로버트 프로스트(Robert Frost, 1874~1963)가 쓴 시 '가지 않은 길(The Road not Taken)'의 시 구절이 생각난다.

가지 않은 길

노란 숲 속에 길이 두 갈래로 났었습니다.
나는 두 길을 다 가지 못하는 것을
안타깝게 생각하면서,
오랫동안 서서
한 길이 굽어 꺾여 내려간 데까지,
바라다볼 수 있는 데까지
멀리 바라다보았습니다.
그리고,
똑같이 아름다운 다른 길을 택했습니다.
그 길에는 풀이 더 있고
사람이 걸은 자취가 적어,
아마 더 걸어야 될 길이라고

나는 생각했었던 게지요.

그 길을 걸으므로,

그 길도 거의 같아질 것이지만.

그 날 아침 두 길에는

낙엽을 밟은 자취는 없었습니다.

아, 나는 다음 날을 위하여

한 길은 남겨 두었습니다.

길은 길에 연하여 끝없으므로

내가 다시 돌아올 것을 의심하면서…….

훗날에 훗날에 나는 어디선가

한숨을 쉬며 이야기할 것입니다.

숲 속에 두 갈래 길이 있었다고,

나는 사람이 적게 간 길을 택하였다고,

그리고 그것 때문에 모든 것이 달라졌다고.

TWO roads diverged in a yellow wood,

And sorry I could not travel both.

And be one traveler, long I stood

And looked down one as far as I could.

To where it bent in the undergrowth;

Then took the other, as just as fair,

And having perhaps the better claim,

Because it was grassy and wanted wear;
Though as for that the passing there
Had worn them really about the same,
And both that morning equally lay
In leaves no step had trodden black.
Oh, I kept the first for another day!
Yet knowing how way leads on to way,
I doubted if I should ever come back.
I shall be telling this with a sigh.
Somewhere ages and ages hence:
Two roads diverged in a wood, and I—
I took the one less traveled by,
And that has made all the difference.

3. 옷을 벗는다는 말의 의미

흔히 판검사들이 직장을 그만둘 때 우리는 '옷을 벗는다.'고 말한다. 내가 초임검사로 임관을 했을 때 선배들이 자꾸 '누가 옷을 벗었다'는 말을 사용하였는데 나는 그 말이 좀 이상하게 느껴졌다.

"아니 왜 망측하게 옷을 벗는다고들 하지? 벌거벗는 것도 아닌데……"

그런데 후일 검사를 그만두고 나는 비로소 그 말의 의미를 알게 되었다. 내가 검사로 재직할 때는 사실 많은 사람들이 나에게 잘 보이려 애를 썼다. 심지어 집요하게 술자리를 하자는 지인도 있었고, 별로 친하지도 않은 사이인데 갑자기 사무실로 찾아오는 사람들도 많았다. 어떤 경우는 얼굴조차 기억에 가물가물한 초등학교 동창이 마치 죽마고우(竹馬故友)라도 되는 양 친한 척 행세하였다. 당시 나는 '내가 출세하긴 했구나.'라는 자기만족과 함께 속으로는 내심 뿌듯했다. 그런데 막상 내가 검사를 사직하고 변호사 개업을 하자 상황은 완전히 바뀌었다. 처음 개업을 했을 때만 해도 나는 현직에 있을 때 모아놓았던 수많은 명함들을 바라보며, 속으로 '이 사람들이 사건 하나씩만 가져와도 엄청 나겠네'라고 흐뭇했었다. 하지만 이런 나의 기대는 완전한 나의 착각에 불과했다. 매번 전화를 해야 하는 쪽은 나였으며, 나는 이미 甲에서 乙로 바뀌어 있었다. 나는 사건유치를 위해 지인들에게 개업 인사 전화를 했고 사무실 위치와 전화번호도 친절히 알려주었다. 그런데 그들의 태도가 왠지 예전 같지 않고 거리감이 느껴졌다. 심지어 평소 친하게 지냈던 어떤 사람은 아예 내 전화를 받지도 않았다. 솔직히 나는 매몰찬 세상인심에 비애감마저 들었다.

"아……. 이제 나는 더 이상 검사가 아니구나."

그때 나는 퇴직할 때 검찰청에 벗어놓고 나온 법복(法服)이 떠올랐다. 내가 옷을 벗었다는 것이 바로 법복을 벗었다는 것을 의미했다.

"내가 검사로 재직 중일 때 나를 향한 사람들의 호의는 사실 나를 향한 것이 아니라 내가 걸치고 있던 법복, 즉 검사라는 지위를 향한 것이었구나."

우리나라 속담 중에 이런 말이 있다

정승집 개가 죽으면 문상객이 문전성시를 이루고
정승이 죽으면 문상객을 보기 어렵다

사람들은 권력이 있는 자에게 모여들기 마련이다. 그런데 벼슬아치의 권력은 잠시 국가로부터 빌려 입은 옷에 불과하다. 권력자는 자신이 대단한 존재라도 되는 것인 양 우쭐해 하지만 그 권력의 옷을 벗는 순간 바로 알몸뚱이가 되어 버린다. 그 알몸이 바로 본인의 실체인데 그렇게 되기 전까지 그것을 깨닫지 못한다. 정치인들 중에는 자신의 권력이 영원할 것처럼 행동하는 사람들이 많다. 그들은 한 번 국회의원에 당선되면 연이어 3선이고 4선이고 당선되어 결국 대통령까지 될 수 있다는 착각에 빠진다. 하지만 권력은 영원하지 않고 유한한 것이다.

권불십년 화무십일홍(權不十年 花無十日紅)
(권력은 10년을 가지 않고 꽃은 열흘 이상 붉지 못한다)

이런 말들은 비단 공직자에게만 해당되는 것이 아니다. 기업 내에서나 사업상 갑을관계에서도 마찬가지이다. 영원한 직장상사(職場上司)나 변함없는 甲은 존재하지 않는다. 언젠가 직장상사도 퇴직한 후 하청업체 사장이 되어 직장후배들에게 아쉬운 소리를 해야 하는 순간이 올 수 있다. 한때 甲의 지위였던 회사가 나중에 乙의 지위로 입장이 뒤바뀌는 경우도 허다하다.

따라서 '힘 있을 때 잘하라'는 말처럼 우리는 甲의 위치에 있을 때 너무 갑질을 하거나 乙을 업신여겨서는 안 된다. 그리고 자신의 알량한 권력이 잠시 빌려 입은 옷에 불과하다는 점을 늘 기억해야 한다.

흔히 사람들은 별(star)과 행성(planet)을 비교하여 말한다. 별은 스스로 빛을 내뿜는 자체 발광체로서 태양이 이에 해당된다. 반면 행성은 스스로 빛을 내지 못하고 다른 별의 빛을 반사하는 반사체로서 지구나 달이 이에 해당한다. 나는 공직자의 권력은 별이 아니라 행성에 해당된다고 생각한다. 즉 그것은 남의 것을 빌려 발하는 반사체에 불과하며 별이 사라지면 함께 사라져 버리는 운명에 놓인다. 하지만 실력은 그 누구도 빼앗아 갈 수 없는 별, 즉 발광체이다. 그래서 실력이 있는 자는 상황의 변화에 민감할 필요가 없고, 늘 같은 자리에서 빛을 내뿜을 수 있는 것이다.

4. 꽃들에게 희망을(Hope For The Flowers)

이 동화는 미국의 시민운동가이자 아동문학가인 '트리나 폴러스(Trina Paulus)'가 쓴 것인데, 내 삶에 있어 지금까지 많은 영향을 미쳤다. 내용의 요지는 다음과 같다.

> 작은 줄무늬 애벌레가 있었다. 알을 깨고 나와 나뭇잎을 갉아 먹으며 자라다가 어느 날 문득 이런 생각을 한다.
>
> "삶이란 그냥 먹고 자라는 것 외에 더 오묘한 무엇인가가 있을 것 같은데. 지금과 같은 삶은 재미가 없어"
>
> 줄무늬 애벌레는 그저 주어진 것에 만족한 삶이 아니라 그 이상의

것을 찾아 나섰다. 어느 날 수많은 애벌레들이 바삐 한 방향으로 가고 있는 것을 보았는데 그들은 모두 하늘 끝까지 치솟은 크나큰 기둥을 향해 올라가고 있었다. 사실 그 웅장한 기둥은 서로 밀치고 당기고 올라가는 애벌레로 이뤄진 것이었다. 그런데 그 기둥 꼭대기는 구름 속에 가려져 있어 그곳에 과연 무엇이 있는지 줄무늬 애벌레는 알 수 없었다.

"내가 찾고자 하는 것이 어쩌면 저 속에 있는지도 몰라."

하지만 먼 꼭대기에 무엇이 있는지 아무도 설명해주지 못한 채 다들 무작정 꼭대기를 향해 올라가고 있었다.

올라가는 여정은 마치 전쟁과 같이 치열해 밀치고 당기면서 서로를 짓밟고 올라서야 했고 친구란 존재는 이미 사라진지 오래였다.

하지만 그런 경쟁심 말고는 애벌레들은 모두 자신이 어디로 가고 있는지 그 목적과 의미조차 알지 못하였다.

그러다가 줄무늬 애벌레는 노랑 애벌레를 만나 서로 좋아하게 되었다. 줄무늬는 자신이 좋아하는 여자친구 노랑이까지 짓밟고 올라가야 한다는 점에 회의를 느끼게 되었다. 그래서 그 둘은 기둥 따위에는 더 이상 의미를 못 느낀 채 기둥에서 내려와 풀밭에서 신나게 놀며 서로 사랑했다.

"이렇게 같이 있는 것이 그 기둥에 오르는 것보다 정말 더 행복해."

줄무늬는 여자친구 노랑이를 꼭 껴안아 주었다. 하지만 시간이 흐르면서 줄무늬는 노랑이와의 사랑에 실증을 느끼며 다시 애벌레기둥의 꼭대기가 궁금해졌다.

"정상에 무엇이 있는지 궁금해, 아무래도 우리가 내려온 것은 실수였나 봐. 나랑 같이 가서 도와주지 않을래?"

줄무늬는 노랑이에게 부탁했지만 노랑이는 울면서 그를 혼자 보내줬다.

줄무늬를 홀로 떠나보낸 노랑이는 외로운 나날을 보냈다. 그러던 어느 날 노랑이는 우연히 늙은 애벌레(고치)를 만나게 되었는데 그것은 털보자기로 사로잡혀 있는 것처럼 보였다. 고치는 노랑이에게 자신의 모습이 나비가 되기 위해 반드시 거쳐야 하는 과정이라 설명해줬다.

"어떻게 하면 나비가 될 수 있나요?"

노랑이는 고치에게 물었다.

"한 마리의 애벌레의 상태를 기꺼이 포기할 만큼 절실히 날기를 원할 때 가능한 일이란다. 내가 지금 숨어 버리는 것 같이 보이지만 사실은 이미 나비가 만들어 지고 있는 거란다. 다만 시간이 좀 걸릴 뿐이야."

노랑이는 고치로 변신하다 목숨을 잃을 수도 있다는 생각에 처음에는 많은 고민을 하다가, 결국 자신도 나비가 되는 모험을 하기로 마음먹고 고치 옆에 매달려 자신의 실을 뽑아내 고치로 변신하기 시작했다.

한편 기둥으로 돌아간 줄무늬는 다시 치열한 경쟁을 뚫고 드디어 꼭대기 까지 다다른다. 그러나 거기서 그는 놀라운 세 가지 사실을 깨닫게 되는데, 꼭대기에는 아무것도 없다는 것, 그 사실을 알고도 모두 쉬쉬 하며 숨긴다는 것, 마지막으로 자기가 올라왔던 기둥과 유사한 것들이 주변에 헤아릴 수없이 많다는 사실이다.

그때 나비로 변신한 노랑이가 줄무늬를 찾아 그 기둥 주위를 빙빙 맴돌고 있었다. 기둥 속 애벌레들은 속으로 중얼거렸다.

"아 기어 올라오지 않고 어떻게 이렇게 높이까지 올 수 있었을까?"

줄무늬는 그 나비가 노랑일 거라 생각을 하고 그녀를 따라 기둥에서 내려왔다. 그리고 그녀로부터 나비에 관한 얘기를 듣고 본인도 고치를 거쳐 결국 화려한 호랑나비로 변신했다.

이 이야기가 던지는 메시지는 결국 나비가 되기 위해서 애벌레는 고치가 되는 위험을 감수해야 하고 오랜 시간을 참고 기다려야 한다는 것이다. 그리고 아무런 목적도 없이 남들이 하니까 따라하는 것은 자신의 진정한 꿈을 이루는 것에 도움이 되지 않는다는 것이다. 작가는 아름다운 세상이 되려면 많은 꽃을 심어 수많은 나비가 나오게 해야 한다는 의미로 책 제목을 '꽃들에게 희망을'이라고 정했다고 한다.

이 책은 지난 26년 동안 무려 200만부가 팔린 베스트셀러다. 그런데 이 책은 사실 동화라기보다는 심오한 철학이 담긴 서적이 아닐까 하는 생각이 든다. 어찌 보면 어린 아이들이 이해하기 힘든, 오히려 성인들을 위한 동화일 수도 있다. 동화 속 애벌레가 자신이 나비가 될 수 있다는 것을 알지 못한 채 남들을 따라 그냥 올라갔듯이, 우리 역시 지금 자신이 가진 무한한 가능성을 스스로 무시한 채 무의미한 경쟁을 하는 것은 아닌지 자신에게 되묻게 한다.

"과연 나는 땅을 기어 다니는 벌레인가? 아니면 하늘을 훨훨 날아다니는 나비일까?"

"나비가 되려면 어떤 과정과 시련을 이겨내야만 할까?"

정말 많은 생각을 하게 한다.

아마 누군가는 이 책을 읽고 다니던 직장을 때려치우고 섣부르게 자신의 사업에 뛰어들 수도 있을 것이다. 하지만 그 결과가 반드시 좋다고는 장담할 수 없다. 오히려 자신의 사업에서 실패하여 샐러리맨보다 못하게 추락할 수도 있기 때문이다. 하지만 정말 자신이 원하는 것이 나비의 삶이라면 우리는 반드시 나비로 되기 위한 과정을 차곡차곡 밟아가야만 한다. 언젠가 이루어야 할 진정한 행복과 자아성취를 위해서 말이다.

특히 이 책에서 노랑 애벌레와 '늙은 애벌레(고치)'의 대화는 우리에게 시사(示唆)하는 바가 크다. 나비가 되기 위해서는 '고치'라는 인고(忍苦)의 과정이 반드시 필요하다는 점 말이다. 동화 속 고치는 노랑이에게 이렇게 말한다.

"변화가 일어나는 동안 너나 나 또한 누구의 눈에도 변화가 없는 것처럼 보일지 모르겠지만 이미 나비가 만들어지고 있는 거란다."

그렇다! 누군가의 인고의 과정은 남들은 눈치 채지 못해도 사실 끊임없이 자신과의 싸움을 하면서 내적으로 성숙하고 있는 것이고, 그 과정 속에서 그는 '알을 깨는 아픔'을 이겨내고 있는 것이다. 스위스의 작가 헤르만 헤세(Hermann Hesse)가 저술한 '데미안(Demian)'이란 소설에도 비슷한 구절이 나온다.

새는 투쟁하여 알에서 나온다. 알은 세계이다

태어나려는 자는 하나의 세계를 깨뜨려야 한다

너무나 유명한 이 문구는 앞서 이 책의 첫대목에 나온 '문어와 조개' 이야기와도 일맥상통하는 말인데, 새로운 세계에 도전하기 위해서는 오래된 껍데기를 내던지는 변화가 필요하다는 메시지를 전하고 있다. 한편 '꽃들에게 희망을' 속의 애벌레 얘기는 그러한 변화를 성공적으로 이루기 위해서는 '고치'라는 인고의 세월을 견뎌야 한다는 점을 강조하고 있다.

이렇듯 사실 우리가 새로운 세계에 도전하는 것 자체도 어려운 일이지만 그보다 더 힘든 것은 그러한 도전을 위해 오랫동안 준비하는 과정을 견뎌내는 일이다.

"남들도 다 하는데 나라고 못해?"

"일단 저질러 보면 어떻게든 되겠지."

이러한 막연한 희망만으로 새로운 도전을 하는 것은 무모한 자만(自慢)일 뿐이다. 애벌레가 나비가 되는 과정은 새로운 탄생을 의미하며, 그것은 어둡고 답답한 고치 안에서 숨죽이며 몇 년을 버텨야 하는 긴 터널과 같은 것이다. 나 역시 과거 사법시험을 공부할 때를 돌이켜보면, 그것은 오랜 인고를 견뎌야만 했던 나날들이었다.

기약 없이 피 말리는 기다림…….

겉으로는 모든 게 조용해 보였지만 속으로는 끊임없이 나 자신과 대화를 나누었고 또 자신을 이겨야만 하는 싸움이었다.

우리가 만약 편안한 애벌레의 삶을 포기하고 기꺼이 나비가 되기를 선택하였다면 지금 바로 준비를 시작해야 한다. 몇 년이 지난 후에 창공을 향해 아름다운 날갯짓을 하는 오색찬란한 나비로 다시 태어나기 위해서 말이다.

"정상에 오르려면 기어오르는 것이 아니라 날아야만 해."

멋진 날개를 가진 나비가 되어서…….

몇 해 전 내가 아는 지인이 암으로 세상을 떠난 적이 있었다. 그는 국내 최고 명문대학의 경제학과 출신으로 대학교 재학 중에 재경 행정고시를 우수한 성적으로 합격한 수재였다. 경쟁에서 단 한 번도 패배해본 적이 없는 '공부의 신' 그 자체였다. 그러던 중 그는 젊은 나이에 불행하게도 암으로 인한 시한부 선고를 받았다. 의사가 무리하면 안 되니 쉬라고 권유했지만 그는 자신의 직장에 불치병에 걸린 사실을 숨긴 채 죽는 순간까지 승진에서 밀리지 않으려 발버둥을 치다가 여생을 더 빨리 마감해야만 했다. 정말 비극적인 일이 아닐 수 없다. 그는 정상을 향해, 그 끝에 뭐가 있는지도 모른 채, "남들이 올라가니 나도 가보자"는 식의 경쟁심을 끝까지 버리지 못한 채 결국 나비가 되어 보지도 못하고 짧은 생을 마감한 것이다.

나비가 된다는 것은 아마 애벌레에게는 종국적으로 되고 싶은 꿈이자 삶의 목표일 것이다. '나비'는 누군가에게는 돈을 의미하고, 또 다른 누군가에는 출세 혹은 명예를 의미할 수 있다. 이러한 목표들 역시 인생에 있어 정말 무시할 수 없는 요소들임은 틀림없다. 하지만 모든 나비들의 최종적 목표이자 마지막 종착역은 결국 '진정한 행복'이 아닐까 생각해 본다. 나는 진정한 행복이란 남을 이겨서 얻는 순간적 우월감이 아니라, 감미로운 봄바람처럼 달콤하게 우리 곁에 영원히 남아있는 편안한 감정이라 생각한다. 물론 사람마다 조금씩 행복의 기준이 다르겠지만, 내 경우 행복의 척도란 이렇다.

① 육체적으로, 나를 비롯한 내 가족 모두가 병이 없이 건강하고,

② 사회적으로, 내가 만나고 싶은 사람들을 언제든 볼 수 있고 나아가 그들에게 늘 좋은 사람으로 기억되며,

③ 정서적으로, 내가 즐길 수 있는 운동과 취미생활을 만끽하고,

④ 경제적으로, 남에게 돈을 빌리지 않아도 될 정도의 자금력이 있는 것이다.

5. 사마의의 지혜

나는 앞서 제갈량의 공성계(空城計)가 돋보인 '서성(西城) 전투'에 관하여 얘기했다. 그 전투에서 사마의는 제갈량의 속임수에 넘어가 후퇴하여 천추의 한을 품게 되었다. 그런데 사실 사마의 역시 제갈량에 버금가는 뛰어난 책략가였다. 아니 책략가라기보다는 뛰어난 '정치인'에 가까웠다.

얼마 전 대학선배로부터 <사마의>라는 중국 드라마를 감동 깊게 봤다는 얘기를 듣고 나도 집에서 몰아보기로 보았다. 사실 사마의(사마중달)는 삼국지에서 부각되지는 못하다 후반부에만 등장하는 인물에 불과하다. 삼국지는 주로 유비, 관우, 장비, 조자룡, 제갈량, 조조, 여포, 손권, 주유 등 이런 영웅들의 드라마틱한 얘기로 가득하다. 하지만 사마의 일대기를 그린 드라마를 보면서 나는 사마의가 참으로 대단한 사람이고 배울 점이 많다는 것을 새삼 깨달았다.

드라마에서 부제목으로 나와 있듯이 사마의는 '미완의 책사(1부)'이자 '최후의 승자(2부)'이다. 먼저 미완의 책사라 함은 사마의가 뛰어난 지략가였으나 제갈량의 총명함을 따라잡을 수는 없는 영원한 2인자였다는 점 때문이다. 마치 '모차르트(Mozart)'와 '살리에르(Salieri)❖'

❖ 이탈리아의 작곡가로 '살리에리'라 칭하기도 함. 황제 요제프의 총애를 입어 1788년에는

처럼, 한 사람은 당대의 최고 천재였고, 다른 한 사람은 아무리 발버둥쳐도 그 천재를 따라잡을 수 없는 영원한 2인자 같은 존재였다. 하지만 그럼에도 불구하고 사마의는 결국 최후의 승자가 된다. 삼국지의 말미에서 조조, 유비, 손권, 제갈량 모두 다 죽고 최후에 사마의가 위(魏)나라의 실권자가 되어 삼국을 통일하기 때문이다. 그럼 사마의의 어떤 점이 그를 최후의 승자로 만들었을까?

사마의는 위나라 사람으로 원래 조조의 신하였다. 그 후 조비, 조예, 조방에 이르기 까지 무려 4대를 보필하며 공을 세워 무양후(舞陽侯)에 봉해진 인물이다. 사마의는 조조의 잔인한 성품을 알았기에 원래는 정치에 나가지 않으려고 온갖 꾀병까지 만들어가며 피해 다녔다. 하지만 결국 조비와 친분을 쌓으며 그를 태자로 옹립하기 위해 조조의 신하가 된다. 그런데 조조가 어떤 인물인가? 그는 '계륵(鷄肋)'이란 암호를 제멋대로 해석했다고 트집을 잡아 자신의 부하 양수(楊修)를 죽이기도 했다. 이처럼 조조는 잔인한 냉혈한인데다 남을 의심하는 병이 있어, 늘 사마의를 경계하고 그를 여러 차례 시험하기도 했다.

어느 날 조조는 세 마리 말이 한 구유에서 먹이를 먹는 꿈을 꾸고는 이를 매우 꺼림직하게 여겼다. 사마의란 이름의 중간 글자가 '마(馬)'이기 때문에 조조는 꿈속의 '세 마리 말'을 사마의와 그 두 아들로 여긴 것이다.

궁정악장이 되었다. 천재 모차르트를 늘 부러워했지만 그를 따라잡기에는 역부족이었던 사람. 그래서 탁월하게 뛰어난 1인자를 보며, 2인자로서 열등감이나 무기력감을 느끼는 현상을 '살리에르 증후군'이라 일컫는다. 영화 〈아마데우스〉에서 그는 이런 독백을 했다. "신이시여……. 왜 저에게 욕망만 주시고 재능은 주시지 않으셨습니까?"

그래서 조조는 태자 조비에게 말했다.

"사마의는 신하가 될 사람이 아니니 필시 너희 집안일에 관여할 것이다."

조비를 거쳐 조예가 즉위하자 사마의는 조조 집안의 친척인 조진과 함께 보정대신이 되었다. 하지만 조예는 환관과 남색(男色)을 즐기며 환관의 간언에 속아 사마의를 죽이려고 하였다. 뿐만 아니라 조진 역시 사마의를 못마땅하게 여겨 호시탐탐 그를 제거하려 하였다. 그 때마다 사마의는 머리를 조아려 충성을 맹세하면서 그들을 안심시켜 위기를 넘긴다. 마치 거북이가 머리와 사지를 등껍데기 안에 꼭꼭 숨겨 위기를 넘기듯이.

조예가 죽은 뒤 사마의는 조진의 아들인 조상과 함께 조방의 보좌를 부탁받았다. 조상은 사마의를 태부(太傅)로 전임시키며 군권(軍權)을 빼앗은 뒤 사마의를 죽이려고 하였다. 하지만 사마의는 병이 든 것처럼 꾸미며 은인자중(隱忍自重)하여 그를 안심시켜 위기를 넘긴다.

"저 늙은이가 병까지 들어 조용히 살려고 하는 걸 보니 이제 걱정 안 해도 될 것 같네"

"이젠 이빨 빠진 종이호랑이에 불과해."

조상은 자신이 이미 병권을 장악했기에 이렇게 방심한 것이다. 하지만 사마의는 만일의 사태를 대비해 몰래 군사력을 키웠다. 249년(正始 10년) 조상이 조방과 함께 고평릉(高平陵)을 방문한 틈을 타서 사마의는 정변(政變)을 일으켜 조상을 살해하고 권력을 장악하였다. 즉 사마의는 자기 자신을 이겼기에 최후의 승자가 될 수 있었던 것이다.

드라마 중 흥미로운 장면이 종종 나오는데, 그것은 사마의가 가족들과 함께 매일 스트레칭을 하는 것이다. 스트레칭 자세는 흡사 태극권의 품새와 비슷하였다. 사실 사마의가 최후의 승자가 될 수 있었던 또 다른 이유는 그가 평소 건강관리를 잘 해 장수를 하였기 때문이다. 당시 평균수명이 50세도 채 안 되었을 텐데 사마의는 무려 73세까지 살아 자신의 포부를 세상에 펼칠 수 있었다.

나는 <사마의>라는 장편의 드라마를 보는 내내 사마의란 인물이 얼마나 속내를 감추는 무서운 사람인가를 여실히 느낄 수 있었다. 그는 늘 겉으로는 온화하고 겸손했으며 자세를 낮추었지만, 그에게는 내면에서 우러나오는 강인함이 있었다. 그는 어떠한 역경이 닥쳐와도 결코 화를 내지 않고 감정에 휩싸이지 않는 냉정함을 유지하였다. 드라마 속 사마의는 늘 거북이 한 마리를 반려동물로 품고 다녔는데 그 거북이는 바로 그런 성품의 사마의를 상징하는 표상(表象)이기도 했다. 그는 거북이처럼 항상 움츠려 들어 있었지만 결코 나약하지 않았다. 자신의 발톱을 안으로 숨기고 있었던 것뿐이다. 그는 인간으로서 감내하기 힘든 모진 굴욕조차도 참고 또 참았다.

표범의 발톱이 날카로울 수 있는 것은
평소 그것을 숨기고 다니기 때문이다
반면 개는 발톱을 늘 드러내 놓고 있기에
그것이 날카로울 수 없다

참 대비가 되는 멋진 표현인데 사실 내가 만든 말이다. 이 드라마 중에 사마의가 자신의 발톱을 끝까지 드러내지 않고 참는 인상적인 장면이 나온다.

사마의는 '상방곡 전투'에서 제갈량에게 화공(火攻)으로 크게 당한 뒤 그와 더 이상 싸우지 않고 진지(陣地)를 지켰다. 아무리 도발하려고 해도 사마의가 꿈쩍하지 않고 버티자, 제갈량은 사마의에게 분홍빛 여자 옷을 보내 아녀자에 비유하여 겁쟁이라고 놀렸다. 사마의는 내심 격분하지만 감정을 숨긴 채 오히려 그 여자 옷을 보란 듯이 입은 채 먼발치에서 제갈량을 조롱하였다. 이렇듯 제갈량은 사마의를 흥분시켜 싸움을 걸었지만 사마의는 이에 넘어가지 않은 것이다. 제갈량은 파초선❖으로 자신의 당혹스런 얼굴을 가린 채 이렇게 속으로 중얼거렸다.

"사마의가 내 속을 꿰뚫고 있군!"

천재 제갈량은 결국 자신의 수가 읽힌 사실에 충격을 받아 고목나무처럼 뒤로 쓰러져 부하들의 부축을 받아야 했다. 결국 사마의가 심리전에서 제갈량을 이긴 것이다.

사마의의 무서움은 이렇게 아무리 화가 나도 이를 감출 수 있고, 결국 자신과의 싸움에서 자신을 이겨내는 인내심이다. 그는 평소 발톱을 절대로 드러내지 않았기에, 그의 정적(政敵)들로부터 위협을 받을 때마다 더욱 고개를 숙여 그들을 안심시킬 수 있었다. 하지만 사마의는 결코 방심하지 않고 몰래 자신의 힘을 키웠고 단 한 번의 반격으로 전세를 완전히 역전시켜 버렸다. 그야말로 '구밀복검(口蜜腹劍)', 즉 말로는 달콤하나 가슴에 칼을 품었던 것이다.

❖ 제갈량이 평소 가지고 다니던 하얀색 깃털로 만들어진 부채.

사실 제갈량은 유비의 전폭적인 지지 속에서 자신의 포부를 마음껏 펼쳤다. 나라 안 그 누구도 제갈량의 말에 대항하거나 그를 위협하지 못하였다. 왜냐하면 유비가 세운 촉한(蜀漢)은 위나 오나라에 비해 상대적으로 전력이 약하였으므로 제갈량의 존재는 절대적이고, 그가 없는 촉한은 상상하기 힘들었기 때문이다. 이에 반해 막강한 군사력을 가진 위나라는 사마의가 없다고 해도 크게 영향을 받지 않았기에, 사마의는 끊임없이 내부에서 공격을 받은 것이다. 즉 사마의는 밖으로는 제갈량과 싸우면서 안으로는 수많은 내부의 정적(政敵)들과 싸워야 하는 이중고(二重苦)를 겪어야 했다. 그런데 그는 안팎으로 '이길 수 없는 싸움'은 절대로 하지 않았다. 사마의가 제갈량이 그토록 약을 올려가며 싸움을 걸어도 피했던 이유는 자신이 제갈량의 지략을 이길 수 없다는 점을 간파했기 때문이다. 즉 사마의는 자신보다 강한 적을 깨끗이 인정하고, 이길 수 없다면 피해버리는 것이다. 그러기 위해서는 당장의 모욕을 참아야만 한다. 그리고 자신이 이길 수 있는 순간까지 거북이처럼 인내심이라는 등껍데기 속에 숨어 있는 것이다. 그래서 사마의는 이러한 특유의 참을성으로 미완의 책사였음에도 최후의 승자가 될 수 있었던 것이다. 나는 사마의를 통해 이런 말을 하고 싶다.

수많은 전투에 이겨도
전쟁에 지면 그만이다

사실 모든 전투에서 다 이겨야 전쟁에서 승리할 수 있는 것은 아니다. 전쟁을 치르다 보면 수많은 작은 전투가 벌어지고 그 모든 전투를 이긴다는 것은 불가능하다. 그런데 사실 사마의는 작은 전투에서는 거의 다 졌다. 아니 져주었다고 해야 더 정확한 표현일지 모른다. 그는 모욕과 위협 속에서도 늘 '허 허' 웃으며 위기를 슬기롭게 넘겼고, 절대로 여유로움을 잃지 않았다.

'육참골단(肉斬骨斷)'이란 말이 있다. 자신의 살덩이를 내어주고 상대의 뼈를 끊는다는 말이다. 즉 작은 손실을 보고 큰 승리를 얻는 것이다. 우리가 세상을 살다보면 수많은 국지전을 치르게 된다. 친구와의 작은 갈등, 직장 내에서 벌어지는 온갖 모욕적 일, 사업을 하면서 보는 작은 손해 등등 이루 헤아릴 수 없이 많다. 하지만 멀리 보고 크게 생각해야 한다.

① 지인에게 빌린 푼돈을 떼어먹으면 당장은 몇 푼 이익을 보는 것 같지만 당신의 세평(世評)은 안 좋아진다. 당신은 그 지인이 나중에 당신에게 훨씬 큰 도움을 줄 수 있는 기회를 놓칠 수 있다.

② 골프를 칠 때 당신이 게임의 룰(rule)을 어기고 비겁한 방법으로 승리하면 당장은 기분 좋겠지만 상대방은 다음 라운딩에 당신을 초대하지 않는다.

③ 거래를 할 때 상대방을 속여 순간의 이익을 얻을 수 있지만 당신은 신용을 잃게 된다. 결국 당신은 상대방은 물론 다른 거래처들까지도 다 잃게 된다.

④ 데이트 하다 여자친구에게 화를 내면 당장은 속이 후련하겠지만 당신은 곧 실연(失戀)을 당할 수 있다.

그러한 일들은 모두 작은 전투에서 이겼지만 전쟁에서는 지는 것이다. 결국 작은 이익을 얻고 큰 손해를 본다는 뜻이다. 만약 당신이 그 반대로 행동한다면 이는 '육참골단'의 지혜를 스스로 행하는 것이다.

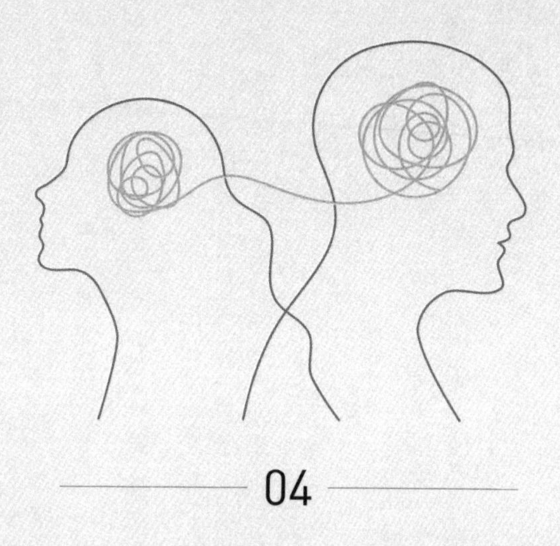

04

정글 속 삶

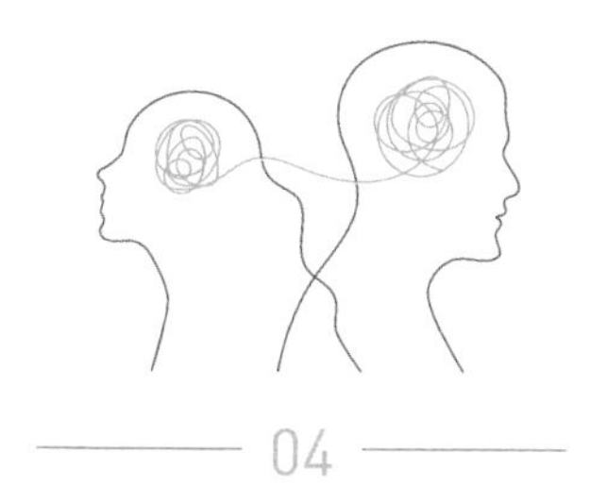

04

정글 속 삶

우리는 흔히 착한 사람들에게 '법 없이도 살 수 있는 사람'이라고 부른다. 하지만 사실 법 없이 살 수 있는 사람은 무법자(無法者)밖에 없고, 대부분의 선량한 사람들은 오히려 법의 보호를 받아야만 한다. 따라서 우리는 모두 법에 대한 상식을 갖춰야 하고 자신이 직접 갖추기 어려울 때는 전문가의 도움이라도 받아야 한다. 왜냐하면 이 세상은 착하고 순진한 사람들만 사는 평화로운 낙원이 아니라, 오히려 혼돈과 아비규환(阿鼻叫喚)이 판치는 곳이기 때문이다. 이렇듯 세상에는 예기치 못한 크고 작은 위험들이 항상 도처에 도사리고 있다. 나는 여러분에게 경종을 울리기 위해 그동안 법조인 생활을 하면서 직·간접적으로 경험한 몇 가지 에피소드(episode)를 소개하고자 한다. 이러한 사건들을 통해 우리는 이 세상이 얼마나 많은 위험이 도사리는 정글과 같은 곳인지를 어렴풋이나마 알 수 있을 것이다.

1. 솔로몬의 지혜

(1) 이상한 돈거래

오래전 내가 시골 작은 지청에서 일할 때의 일이다. 하루는 경찰에서 '무혐의 의견'으로 송치한 사기사건을 조사하게 되었는데, 그 내용은 다음과 같았다.

고소인 A씨(여, 40대 초반)는 평소 잘 알고 지내던 피고소인 B씨(남, 30대 중반)에게 1천만 원을 빌려줬는데 그가 이를 갚지 않고 사기를 쳤다는 내용이었다. 사실 흔한 사기사건이었는데 내용을 보니 의외로 복잡했다. B씨의 변명이 가관이었기 때문이다. 피의자 B씨의 말에 따르면, 그는 평소 A씨와 내연관계로 지내는 애인 사이인데 어느 날 그녀가 자신에게 "동생, 이 돈 용돈이니 부담 없이 써."라며 1천만 원을 그냥 줬다는 것이다. 그의 변명대로라면 이는 증여를 받은 것이니 차용사기죄가 성립되지 않는다. 이에 대해 A씨는 이렇게 반박했다.

"검사님 저 놈이 돈 안 갚으려고 거짓말 하는 거예요. 정말 너무 억울해요. 돈도 돈이지만 남편이 저를 의심하게 되어 가정이 박살나게 생겼어요."

A씨는 팔팔 뛰며 억울해 하였으나 B씨의 말도 전혀 무시할 수 없었다. 왜냐하면 둘이 친했으니 영수증도 안 받고 돈거래를 한 것이고, 그런 사이라면 애인관계일 수도 있었기 때문이었다. 게다가 B씨는 나이도 젊은 대다 보기 드문 미남이어서 그의 변명이 사실일지도 모른다는 의심이 들었다. 그런 까닭에 경찰에서도 그 사건을 무혐의 의견으로 검찰에 송치한 것이었다.

나는 B씨의 주장이 사실이라 가정해 놓고 사건을 재구성해 보다가, 한 가지 묘안을 찾아냈다.

"만약 B씨의 주장대로 정말 둘이 애인 사이라면 상대방의 알몸을 다 봤을 것이다."

나는 이렇게 생각하며, 먼저 A씨를 조용히 불러서 물어 보았다.

"혹시 실례가 되지 않는다면 본인 몸에 남들이 알기 힘든 특징 같은 거 있는지 말해주시겠어요?"

그러자 A씨는 자신의 배꼽 밑에 커다란 수술자국이 있다고 말하며 이를 내게 보여주었다. 정말 마치 지퍼(zipper)처럼 선명하고 굵은 수술자국이 세로로 약 15센티미터 가량 있었다.

"됐다! 이 정도면 충분하다."

나는 A씨를 밖으로 내보낸 뒤 다시 B씨를 불러 질문했다.

"당신이 만약 정말 A씨와 성관계를 하였다면 총 몇 번 정도 했나요?"

"적어도 5번 이상은 한 것 같습니다."

"밝은 곳에서도 성관계를 한 적이 있나요?"

"예. 낮에도 여러 차례 했고 심지어 모텔에서 함께 목욕도 했는걸요."

"그럼 그녀의 몸을 자세히 보았겠네요?"

"예 당연하죠."

"그럼 그녀의 몸에 큰 특징이 하나 있는데 말씀해주시겠어요?"

그러자 B씨는 잠시 머뭇거리면서 내심 당황한 기색이 역력했다.

"저……. 등에 커다란 점이……, 하나 있었던가……?"

분명 말끝이 흐려지며 자신감이 없는 대답이었다. 나는 그때서야 B씨가 돈을 떼어먹으려고 거짓말을 했다고 확신이 들었다.

"틀렸어요! 실은 A씨에게는 큰 흉터가 있는데 당신이 같이 목욕까지 했다면서 어떻게 그것을 모를 수 있죠?"

그 때서야 B씨는 무릎을 꿇고,

"검사님 잘못했습니다. 제가 다 거짓말을 했어요. 정말 죽을죄를 지었습니다!"

이렇게 자백을 하였다.

"이것 보세요! 당신 거짓말 때문에 A씨는 남편에게 부정한 여자로 의심까지 받고 있어요. 어떻게 하실 거예요?"

결국 A씨는 남편으로부터 오해도 풀고, B씨로부터 돈도 되돌려 받았다. 나는 B씨의 죄질이 좋지 않았지만 나중에라도 자백을 하고 합의를 보아 그를 가볍게 처분해 주었다. 이 사건은 약 20여 년 전의 일이지만 너무 특이해 지금까지 생생하게 떠오른다. 내 검사생활을 통틀어 돌이켜볼 때, 특수부에 근무하면서 수많은 대형 사건들도 많이 수사해 보았지만, 나는 이 사건이 그 중 가장 보람된 일이라 생각한다. 비록 사건 내용은 간단하고 피해금액도 적은 단순 사기사건이었지만, 여자의 억울함을 풀어주고 나아가 자칫 잘못하면 깨질 뻔했던 한 가정도 지켜주었기 때문이다. 그래서 나는 이 사건을 감히 스스로 '솔로몬의 지혜'라고 자화자찬한 것이다. 사건에서 볼 수 있듯이 누군가에게 선행을 베풀었는데 그것이 비수(匕首)가 되어 되돌아 올 수도 있다. 그것이 바로 정글과 같은 우리내 인생의 일부이다.

(2) 목숨 걸고 뛰어내린 여자

이왕 자기 자랑한 김에 내가 슬기롭게 처리한 사건 하나를 더 소개하고자 한다. 내가 초임검사 때 수사했던 강간치상 사건인데 피의사실의 요지는 다음과 같다.

> 노래방 카운터 직원 A씨(여, 30대 초반)는 손님 B씨(남, 40대 후반)와 함께 술을 마시다 정신을 잃었다. 그러자 B씨는 이 틈을 타 만취된 A씨를 모텔에 끌고 가 강간하려 하였다. 그런데 A씨가 나중에 정신을 차리고 이를 피하기 위해 모텔 창밖으로 뛰어 내려 다리 골절상을 입었다는 것이다.

A씨의 신고로 모텔에 함께 투숙했던 B씨는 강간치상죄로 구속되었고, 경찰은 사건을 검찰에 구속송치했다. 그런데 당시 애송이 초임검사였던 내가 이 사건을 맡아 피의자 B씨를 직접 조사하게 되었다.

그런데 B씨의 변명에 의하면, 자신은 A씨와 30만원에 성관계하기로 합의하에 함께 모텔방으로 들어가 먼저 샤워를 하고 나왔는데, 뜻밖에 그녀가 다가오지 말라고 소리를 지르며 갑자기 모텔 창밖으로 뛰어내렸다는 것이다.

"검사님, 너무 억울합니다. 제가 성매매를 하려 한 것은 잘못했지만 그 여자와 돈 주고 합의하에 모텔에 들어간 거예요. 근데 제가 모텔방에서 먼저 샤워하고 나오자 갑자기 그 여자가 저에게 '다가오지 말라'며 소리를 지르며 미친 여자처럼 행동을 하는 거예요. 저는 정말 그 여자 몸에 손도 안댔어요.”

나는 B씨의 변명을 반박했다.

“아무리 그래도 그렇지 당신이 아무 짓을 하지 않았다면 어떻게 피해자가 그렇게 위험한 곳에서 뛰어낼 수 있었겠어요? 당신이 강제로 덮치려 하니까 피하기 위해 목숨을 걸고 그런 위험한 행동을 한 것이죠!”

B씨는 자신도 어이가 없다는 듯이 대답했다.

“그러게 말 이예요. 정말 제가 봐도 이상해요. 하지만 그때 여자의 행동은 정상적이지 않아 보였어요. 정말 미친 사람 같았다니까요. 정말 내가 무슨 행동을 한 것도 아닌데 그 여자가 갑자기 창문을 열고 점프한 겁니다. 눈 깜작 할 사이에 벌어진 일이예요.”

반면 피해자 A씨의 진술은 이와 달랐다.

“그 사람의 말은 모두 거짓말 이예요. 제가 그때 술에 취한 상태였는데 그 남자가 저를 강제로 모텔에 끌고 간 거예요. 처음에는 비몽사몽(非夢似夢) 상태여서 몰랐는데 정신을 차려보니 아 글쎄 그 남자가 샤워를 마치고 팬티바람으로 욕실에서 나오잖아요! 저는 그 사람이 저를 강간하려 하는 것 같아 기겁했죠. 그런데 아무리 둘러봐도 피할 방법이 없어 하는 수 없이 목숨 걸고 창밖으로 뛰어내린 겁니다. 강간 맞아요.”

실제로 사건이 벌어진 모텔방은 2층에 위치한 곳이고 A씨가 뛰어내린 장소는 건축폐자재와 철근 등 예리한 물건들이 널려있어 상당히 위험한 곳이었다. 현장 사진이 기록에 첨부되어 있었는데, 폐 콘크리트 조각들에 꽂혀 있는 날카로운 철근들이 곳곳에 삐죽삐죽 보였다. 경찰이 피의자 B씨의 변명을 뒤집기 위해 붙여놓은 사진증거였다. 따라서 누구든 그곳으로 잘못 뛰어내리면 정말 생명에 위험이 있어 보였다. 당연히 피해자 A씨의 진술에 더욱 신빙성이 있어 보였고, 그래서 경찰도 B씨를 구속한 것이었다. 하지만 B씨가 내게 하도 간곡하게 억울함을 호소하기에 나는 혹시나 하는 심정으로 처음부터 다시 사건의 구성을 되짚어 가기로 했다.

"아무래도 여자의 말이 사실인 것 같은데……. 피의자가 이렇게 억울하다고 하니 좀 이상하긴 한데?"

나는 사건의 단서는 최초 상황에서 그 답을 찾을 수 있다는 생각에, A씨가 뛰어내린 뒤 기어가서 신고한 장소를 알아봤는데 인근 만두집이었다. 그래서 만두집 주인아주머니와 최초로 현장에 출동한 경찰관을 조사했다. 그런데 그들 진술에서 의외의 사실이 발견된 것이다. 만두집 주인은 이렇게 말했다.

"그 여자가 다리가 부러져 저희 만두집에 엉금엉금 기어왔어요. 그리고 전화를 빌려달라고 부탁하기에 전화기를 주니까 경찰에 신고했죠. 그런데 막상 경찰이 저희 가게에 출동하자, 아 글쎄 걔가 경찰관에게 제가 자기를 인신매매 하려고 납치했다고 말하는 거예요. 미친 년 같아요. 자기를 도와줬더니……. 정말 배은망덕한 년이예요."

나는 그 진술에 충격을 받았다. "이거 좀 이상한데? 더 파봐야겠네" 속으로 생각하고 현장에 최초 출동한 파출소 순경을 소환했다.

그런데 그 순경의 진술 역시 만두집 주인아주머니의 말과 정확하게 일치하는 것이었다. 경찰은 그런 내용은 사건기록에 전혀 첨부하지 않은 채 A씨의 고소 내용만 믿고 B씨를 구속해 검찰에 송치한 것이다. 결국 그 사건은 A씨가 술에 취할 경우 망상에 빠지는 정신착란 증세가 있는 것으로 결론이 나서 B씨를 무혐의 석방하면서 마무리 되었다. 나는 어쩌면 A씨가 과거에 누군가에게 실제로 납치되어 마약주사를 강제로 맞고 인신매매를 당하였을지도 모른다고 생각했다. 그래서 그 충격으로 그녀에게 불행히 정신착란의 증세가 생겼을 수 있다고 여겨 그녀를 무고죄로 처벌하지는 않았다. 만약 내가 만두집 주인 아주머니와 최초 출동한 경찰관을 조사하지 않았다면 아마 B씨는 강간치상죄로 오랜 기간 억울한 옥살이를 했을 것이다.

2. 억울한 옥살이

이 사건은 내가 중견검사 시절 처리한 것인데 억울하게 옥살이를 해야 했던 한 남자의 가여운 사연이다.

A씨(남, 30대 초반)는 어떤 모임에서 B씨(여, 20대 후반)를 만났는데 둘은 서로 한 눈에 반해 모임 중간에 몰래 빠져나와 A씨의 차로 바로 강릉에 있는 모텔에 가서 성관계를 했다. 그 다음 날 B씨는 귀가하였는데 그녀의 부모들은 노발대발했다.

"다 큰 처녀가 외박을 하다니. 어떻게 된 거야. 바른대로 말 못해?"

평소 부모를 무서워했던 B씨는 너무 당황한 나머지 이렇게 둘러댔다.

"엄마. 나 사실 어제 친구들하고 어떤 모임 갔다 처음 본 남자한테 납치되어 강간당했어. 흑흑! 그래서 지금 집에 들어 온 거야."

그러자 그녀의 부모는 벼락같이 소리를 질렀다.

"아니 천하에 그런 나쁜 놈이 있나. 당장 강간죄로 고소해. 그런 놈은 콩밥을 먹어야 해."

B씨는 당장 부모로부터 야단맞는 것이 두려워 그만 거짓말을 했다. 결국 그녀는 부모의 강권에 못 이겨 A씨를 강간죄로 고소했고, A씨는 경찰에서 구속되었다. 그는 경찰 수사에서 이렇게 변명했다.

"강간이라뇨. 말도 안 됩니다. 저는 그 여자와 서로 좋아 합의하에 모텔 가서 성관계를 했어요. 너무 억울합니다."

경찰관은 A씨에게 물었다.

"고소인의 말에 의하면 모텔이 아니라 으슥한 야산에서 강간당했다고 하는데 왜 거짓말을 하는 거죠? 당신이 모텔에 묵었다는 증거라도 있나요?"

유부남인 A씨는 모텔에 투숙할 때 카드를 사용하지 않고 현금으로 지급하였기에 난감하였다. 더욱이 처음 간 외지의 모텔이어서 그 모텔의 이름과 위치도 정확하게 기억나지 않았다.

"아 정말 미치겠네. 분명히 바닷가 어느 모텔이었어요. 하지만 어딘지 떠오르지가 않아요."

결국 A의 변명해도 불구하고 그는 구속 상태로 기소되었다. A씨의 1심 구속기간인 6개월이 거의 다 될 무렵이었다. A씨의 친구들이 A씨의 말을 토대로 강릉 일대 모텔을 죄다 뒤졌는데 드디어 결정적 단서를 찾아낸 것이다. 당시만 해도 모텔에 투숙할 때는 반드시 숙박계❖를 적어야 했는데 바닷가 어느 모텔에서 A씨의 인적사항과 매우

❖ 모텔이나 호텔 따위에서 숙박인의 성명, 주소, 행선지 따위를 적은 서류.

유사한 내용의 숙박계가 발견된 것이다. 숙박계에 적힌 인적사항은 A씨의 이름, 주민번호 모두 거의 유사하였는데, 특히 주민번호는 맨 뒷자리 하나만 달랐고 필체 역시 A씨의 것이 분명했다. A씨의 변호인은 그 숙박계를 결정적 증거로 제출하였고, 그로 인해 A씨는 무죄를 선고받았는데 그가 구속된 지 6개월만이었다. A씨는 석방된 뒤 너무 억울해 B씨를 무고죄로 검찰에 고소하였고 그 사건을 내가 담당하게 되었다. 나는 B씨를 검찰청에 불러 다음과 같이 직접 조사했다.

"당신은 A씨를 강간죄로 고소했을 때 분명히 야산에 끌려가 당했다고 하였는데 사실 모텔에서 성관계를 한 것이 맞죠? 왜 거짓말을 했나요?"

"모텔에서 당했다고 하면 제 말을 의심할 까봐 정황을 과장한 것은 맞지만 저는 모텔에서 강간당한 거예요."

B씨는 끝까지 자신이 허위로 고소한 점을 인정하지 않았다.

"모텔하고 야산하고 같습니까? 그게 어떻게 단순한 정황의 과장에 불과한 거란 말인가요? 그런데 서울에서 강릉 모텔까지 차로 가려면 분명히 톨게이트도 통과했을 텐데 거기 직원에게 구해달라고 요청할 수도 있지 않았나요?"

"제가 그 때 차에 납치되어 가는데 그런 생각이 났겠어요? 정말 엄두도 못 내었어요."

"그럼 모텔에 들어갈 때 그곳 주인에게는 왜 도와 달라 말하지 않았죠?"

"역시 무서워서 아무 말 못하고 A씨를 따라 모텔방에 들어갔어요."

"모텔방까지는 본인이 스스로 걸어 들어간 것은 맞나요?"

"예. 제 발로 걸어 들어갔고 남자가 저를 업고 간 것은 아닙니다."

"당시 술에 취한 상태는 아니었나요?"

"예 회식장소에서 맥주 몇 잔을 마셨지만 강릉 도착했을 땐 다 깨어서 정신은 멀쩡했습니다."

"그런데도 모텔 주인에게 구호요청을 하지 않고 따라 들어갔다면 당신도 좋아서 스스로 들어간 것 아닌가요?"

"아닙니다. 그런 곳은 저에게 처음이라서 너무 무서웠고 당황해서 아무 말도 못하고 들어간 거지 내가 처음 본 남자 뭘 믿고 좋아서 따라 들어갔겠어요?"

"그럼 모텔 방 안에서 들어가서는 A씨가 당신을 어떻게 강간했는가요?"

"예 둘이 모텔방에 들어가서 저는 침대에 앉아 있었고, 그 남자는 바로 욕실에 들어갔어요. 그리고 그는 샤워를 마치고 다시 나와 저와 성관계를 한 것입니다."

"남자가 샤워를 얼마동안 했나요?"

"약 30분 정도 한 것 같아요."

"예? 30분요? 그럼 그 사이 왜 도망치거나 모텔주인에게 도와달라고 얘기하지 않았나요?"

"너무 무섭고 떨려서 못했습니다."

"그럼 남자가 샤워를 마치고 나와서 당신에게 어떻게 했나요?"

"남자가 저에게 다가왔는데 어느덧 제가 알몸이 되어버렸고 그 남자와 성관계를 하고 있었어요."

"별다른 반항은 하지 않았다는 말인가요?"

"예 제가 반항을 하지는 않았어요. 하지만 저는 원하지 않았던 성관계였어요."

"그 후에는 어떻게 되었나요?"

"예 함께 잠을 자고 다음날 남자가 본인의 차로 저희 집 근처까지 바래다주었어요."

나는 B씨의 변명이 너무 황당해 말문이 막혔다. 그녀는 말로는 무서워서 억지로 성관계를 했다고 주장했지만, 누가 봐도 그 변명은 어불성설(語不成說)이었다. 나는 그 동안 그녀의 허위고소로 6개월이나 억울한 옥살이를 한 A씨가 가엽게 느껴졌다. 그는 그 일로 아내에게 이혼당하고 직장에서 쫓겨나 폐인이 되어 버렸다. 나는 B씨를 무고죄로 구속하려고 했는데 그녀는 이미 다른 남자에게 시집을 가서 만삭(滿朔)의 몸이었기에 불구속 상태로 기소했고, 그녀는 그 후 자신의 죗값을 치렀다.

이 사례들에서 알 수 있듯이 성범죄 사건 중에는 서로 좋아서 성관계를 한 뒤에도 때로는 돈을 목적으로, 때로는 자신의 명예를 보호하기 위해 허위 고소하는 경우가 왕왕 있다. 어떤 경우는 유부녀가 사실 바람을 피웠으면서 남편으로부터 추궁 당하자, 강간당했다고 거짓말하는 사례도 있었다. 이럴 때 가해자로 몰린 남자들은 당황하여 갈팡질팡하다가 덫에 걸려 억울한 옥살이를 할 수 있다. 그러므로 나는 누군가 만약 이런 일에 잘못 연루된다면 그 즉시 형사전문 변호사에게 찾아가 컨설팅을 받으라고 권한다. 수사초기 단계에서의 대응이 무엇보다 가장 중요하기 때문이다.

3. 사기꾼의 말로

나는 내가 직접 수사한 어느 지독한 사기꾼의 이야기를 하려 한다. 사실 수사기관에 접수되는 사건 중 가장 높은 비율을 차지하는 사건이 사기 사건이다. 그 이유는 사람들이 보통 민사문제를 형사사건으로 고소해 수사기관의 도움으로 손쉽게 돈을 되돌려 받으려 하는 경우가 많기 때문이다. 그런 여러 사기 사건들 중에서도 이 사건은 눈에 띄는 특이한 사건이었다. 한마디로 사기사건의 '끝판왕' 같은 내용인데 결코 피해금액이 커서가 아니다. 이 사건은 비록 신고 된 피해금액이 거액은 아니지만 사기꾼의 범행이 매우 상습적이고 지능적인 특징이 있었다. 경찰에서는 사기꾼의 변명에 넘어가 무혐의 의견으로 검찰에 송치한 사건이었다.

A씨(남, 50대 후반)는 여러 피해자로부터 순차적으로 돈을 빌렸다. 한 피해자가 돈을 갚으라고 요구하면 A씨는 이 핑계 저 핑계 대면서 시간을 질질 끌어 채권자를 지치게 했다. 결국 그 피해자가 지쳐 고소를 하면 A씨는 또 다른 사람에게 비슷한 수법으로 사기를 쳐서 그 돈으로 이전의 피해자와 합의를 보았다. 이전의 피해자는 오랜 기다림으로 너무 지쳐서 자신이 빌려준 돈의 절반만 받고 A씨에 대한 고소를 취소했다. 한마디로 A씨는 돌려막기 식 '연쇄 사기꾼'이었다. 이렇듯 지속적으로 여러 피해자들의 피눈물을 짜내는 방식인데, 피해금액과 합의금액의 차이가 A씨에게는 주 수입원이었던 것이다.

이 사건은 그중 최종 피해자였던 B씨가 A씨로부터 1억 원짜리 어음을 사기 당했다며 고소한 내용이었다. 그 어음은 결국 부도가 나서 실질적으로 B씨가 경제적 피해를 입은 것은 별로 없었다. 하지만 A씨의 연쇄적인 범행행각을 의심한 나는 그의 사건기록들 전체를 살펴봤다. 그의 전과기록을 보니 무려 48회 사기로 고소당했는데 그 중 벌금 전과 2회 이외 모두 다 무혐의 처분을 받았다. 전과기록만 해도 기다란 세로모양 달력 길이 정도였는데, 앞서 말한 바와 같이 연쇄적으로 사기를 쳐서 돌려막기를 해 온 까닭이었다. A씨의 범행수법과 변명이 너무 치밀했기에, 나는 A씨가 이미 무혐의 처분을 받았던 다른 사건기록 중 B씨가 고소한 내용과 연관된 시기의 것들을 죄다 찾아내 꼼꼼히 읽어봤다. 그랬더니 A씨가 B씨에게 어음을 편취할 당시 전후사정이 여실히 드러났다. 내가 A씨를 상대로 조사한 대화내용은 대강 다음과 같다.

"피의자는 B씨에게 왜 약속을 못 지켰어요?"

"검사님! 제가 B씨에게 어음을 빌릴 당시 말예요……. 저는 10일 뒤면 C씨에게 빌려준 1억2천만 원을 변제받기로 되어있었어요. 그 돈이면 충분히 B씨에게 갚을 수 있는 상황이었다니까요."

"그런데 왜 B씨에게 약속을 지키지 못한 것이죠?"

"그건 C씨가 돈을 제때 갚지 않아서죠."

"C씨가 누구죠?"

"제 친구인데 걔 지금 기소중지 되어 도망 다니고 있어요. 저도 그 놈 상대로 고소할거예요."

"그런데 당신이 C씨에게 돈을 빌려준 시점은 언제인가요?"

"B씨에게 어음을 빌리기 6개월 전 쯤 인 것 같아요"

나는 조사 전에 이미 A씨의 관련 사건들 전모를 파악하여 그 요지를 역사책 뒤에 붙은 연대기처럼 시간순서대로 꼼꼼히 정리해 놓았다. 그런데 A씨가 변명한 바로 그 시점, 즉 A씨가 친구 C씨에게 돈을 빌려줬다고 한 무렵의 사건내용을 살펴보았더니 그 시점 A씨가 또 다른 누군가로부터 거액을 빌린 사건이 발견되었다.

"아니 그 때 당신은 다른 사람으로부터 거액을 빌릴 정도로 돈이 없었는데 어떻게 친구 C씨에게 1억2천만 원을 빌려줄 수가 있었죠?"

"아……. 예……"

A씨는 제대로 된 변명을 하지 못한 채 얼버무렸다. 그는 이어지는 조사에서도 자신의 거짓말을 덮기 위해 또 다른 거짓말을 연이어 했지만 그때그때마다 나는 사건연대기를 펼쳐놓고 A씨의 거짓말들을 남김없이 무너뜨렸다. 제 아무리 뛰어난(?) 사기꾼이라도 임기응변으로 거짓말을 지어내는 데는 한계가 있다. 결국 A씨는 사기죄로 구속기소 되었는데 1심에서 내가 직접 공판에 참여하였다. 나는 결심 공판하는 날 이렇게 구형하였다.

"재판장님, 피고인은 그동안 너무 많은 거짓말을 해왔습니다. B씨가 입은 실질적인 피해는 크지 않지만 피고인은 수많은 피해자들의 마음을 아프게 해왔음에도 뉘우침 없이 또 비슷한 범죄를 저질렀습니다. 죄질이 매우 좋지 않으므로 징역 2년에 처해주시기 바랍니다."

재판장은 며칠 뒤 피고인에게 실형 2년을 선고했다. 보통 검사구형의 70%정도를 선고하는 경우가 통상적인데 이례적으로 100%를 선고한 것이다. 며칠 뒤 나는 재판장과 사석에서 만났는데 그 분은 내게 이렇게 얘기했다.

"강 검사님 아니면 그 사기꾼의 범죄 아마 묻혀졌을 거예요. 기록을 읽으면서 저도 분노했습니다. 아마 3년 구형했으면 그대로 선고해 버렸을 거예요."

이 글을 읽는 당신에게 나는 형사전문 변호사로서 한 마디 조언하고 싶다.

당신 주머니에서 떠난 돈은
이미 당신 것이 아니다

절대로 누군가의 말만 믿고 쉽게 돈을 빌려주거나 투자하지 말란 뜻이다. 일반적으로 남에게 돈을 빌리는 일은 쉽지 않다. 사람들은 아주 친한 사이거나 적은 돈이라면 몰라도, 거액의 경우 보통 은행에서 대출을 받지 남에게 아쉬운 소리를 하지 않는다. 친하지도 않은 누군가에게 큰돈을 빌리려는 사람은 이미 그런 정상적인 여신이 불가능한 사람, 즉 목 끝까지 물이 차올라 죽기 일보직전의 사람들인 경우가 많다. 그러니까 당신에게 높은 이자를 쳐주겠다며 지키지도 못할 약속으로 현혹하는 거다. 하지만 '배 내주고 뱃속 빌어먹는다.'는 옛말처럼 당신은 그 자에게 빌려준 돈 중 극히 일부만 이자로 돌려받게 될 지도 모른다.

4. 블랙박스

(1) 거짓 자백

이 사건은 사실 내가 직접 경험한 사건은 아니다. 지인으로부터 들은 얘기인데 엽기적인 사건이라 소개하고자 한다. 골프광인 A씨(남, 50대 후반)는 강남에 고층 건물을 갖고 있는 큰 부자이다. 그는 모 대학에서 주최하는 골프 관련 프로그램에서 미모의 노처녀인 B씨(여, 30대 중반)를 만났는데, 그녀 역시 골프를 좋아해서 둘은 금방 친해졌다. 그러던 어느 날 두 사람은 B씨의 차안에서 데이트를 즐기다가 성관계를 갖게 되었다. 그런데 성관계를 하는 동안 B씨는 말로는 하지 말라고 거부하였지만, 행동은 정반대로 아무런 반항도 하지 않으며 오히려 적극적으로 A씨의 행동에 반응해 주었다. A씨는 B씨가 말로만 거부하는 척 하면서 속으로는 그녀도 좋아한다고 믿었다. 아니 나아가 B씨가 자신을 흥분시키려 이벤트를 하는 것 아닌가 하는 생각까지 들었다. 그런데 이상한 점은 B씨가 처음만 그런 것이 아니라 성관계를 하는 내내 끝까지 계속적으로 행동과 달리 입으로는 거부하는 취지의 말을 하는 것이었다.

"아……. 안 돼, 제발 그만……"

"오빠, 정말 왜 이래요. 그만하라니까. 흑흑흑"

B씨는 심지어 흐느끼는 소리까지 내었다. 하지만 그녀는 정작 A씨가 자신의 팬티를 벗기려 하자 엉덩이를 들어주고, 심지어 A씨의 성기를 애무해주는 등 희한한 행동을 계속 하는 것이다. 그야 말로 말과 행동이 따로 노는 언행불일치 그 자체. A씨는 B씨의 이런 이상한

행동이 약간 엽기적이라 여겼지만 오히려 이에 더 자극을 받고 흥분하였다. 그런데 얼마 후 A씨는 B씨로부터 강간죄로 고소당해 결국 불구속 기소되었다. A씨는 너무 억울해 이렇게 강하게 변명했다.

"저 여자가 사실 저항은커녕 오히려 더 적극적으로 섹스했어요. 심지어 그녀가 내 물건을 입으로 애무해주고 내 위에 올라타 했는데 어떻게 이게 강간이 됩니까? 말로만 반항하는 척 했고, 사실은 정 반대였어요. 저 여자 처음부터 내 재산을 노리고 접근한 꽃뱀이 분명해요."

하지만 이런 변명에도 불구하고 A씨는 결국 1심에서 징역 3년을 선고받고 법정구속 되었다. 그 이유는 재판에서 그에게 불리한 결정적 증거가 나왔기 때문이다. 그 증거는 바로 B씨 차안에 있던 블랙박스의 음성녹음 파일이었는데, 이를 재생시켜 보니 B씨가 계속해서 성관계를 거부하는 말이 흘러나왔다.

"이렇게 여자가 거절한 것으로 보아 A씨의 변명을 믿을 수 없다."

판사는 이렇게 A씨의 변명을 배척하면서 강간죄를 적용해 실형을 선고한 것이다. 결과적으로 A씨는 B씨의 꾐에 빠져 억울한 누명을 뒤집어 쓴 것이다. 나중에 A씨는 항소심에서 거액의 합의금을 B씨에게 물어주고 집행유예로 풀려났다.

"재판장님 제가 잘못 했습니다. 1심에서 한 말은 다 거짓말입니다. 한번만 용서해주세요. 흑흑흑."

A씨는 집행유예라도 선고받기 위해 원치 않은 거짓자백을 해야만 했다. 사건의 전말은 B씨가 의도적으로 재산이 많은 A씨에게 접근한 뒤 계획적으로 자신의 차로 유인해 성관계를 맺은 것이다. 당연히 목적은 돈이었다. 그녀는 차에 설치된 블랙박스가 바깥 방향으로는

앞뒤 화면이 녹화되지만, 차 안쪽 방향으로는 음성만 녹음된다는 점을 이용해 치밀하게 작전을 짠 것이다.

(2) 거짓 고소

내가 지인으로부터 전해들은 비슷한 실제 사례가 하나 더 있다. 어떤 회사 내 커플 사이에서 실제로 벌어진 일인데 이 역시 블랙박스와 관련된 사건이다.

A씨(여, 30대 초반)는 직장동료 B씨(남,40대 후반)와 사귀다가 애인 사이로 발전하였다. 둘은 B씨의 아파트 지하주차장 으슥한 곳에 주차된 B씨의 차 안에서 성관계를 했다. 그러다가 그만 아파트 주민에게 발각되어 큰 사달이 난 것이다. 사실 B씨는 유부남이었는데 반해 A씨는 미혼여성이었기에 그 사실이 세상에 알려지면 A씨에게 훨씬 치명적인 상황이었다. A씨는 당장의 치욕을 모면하기 위해 주변 사람들에게 이렇게 말했다.

"B씨가 의논할 게 있다며 저를 불러내 자기 아파트로 끌고 가 차 안에서 강제로 성관계를 한 겁니다!"

그 후 A씨는 자신의 명예를 지키기 위해 B씨를 강간죄로 고소했다. 하지만 B씨 차 안 블랙박스에 음성녹음 파일이 있었다는 점을 A씨는 꿈에도 몰랐던 것. B씨는 자신의 억울함을 밝히기 위해 블랙박스 음성파일을 수사기관에 증거로 제출했는데, 그 안의 음성을 들어보니 A씨가 오히려 더 적극적으로 성관계를 한 것이 분명하였다.

"아……. 너무 좋아. 좀만 더 해줘 오빠. 사랑해. 자기야 주차장에서 하니까 스릴 있고 좋다. 그치."

결국 A씨는 위기를 모면하려고 허위고소 하였다가 오히려 자신이 무고죄로 처벌받았다.

사실 성범죄 사건의 경우 둘 사이에 은밀하게 벌어지는 경우가 많아 진위를 파악하기가 쉽지 않다. 그래서 블랙박스나 핸드폰에 저장된 메시지 등이 중요한 단서가 되는 경우가 많다. 위 두 사건에 있어 블랙박스는 공히 중요한 증거로 사용되었는데 첫 번째 사건에서는 거짓을 증명하는 증거로, 두 번째 사건에서는 진실을 증명하는 증거로 사용되었다.

요즘 성범죄 사건의 경우 과거보다 훨씬 엄격하게 처벌된다. 친고죄도 폐지되어 일단 걸려들면 힘든 소송을 해야 하는 경우가 많다. 특히 술에 취한 상태에서 역사(?)가 이뤄지는 경우가 많은데, 상대에게 술을 먹여 어떻게 해보려다가는 큰 코 다치니 조심해야 한다.

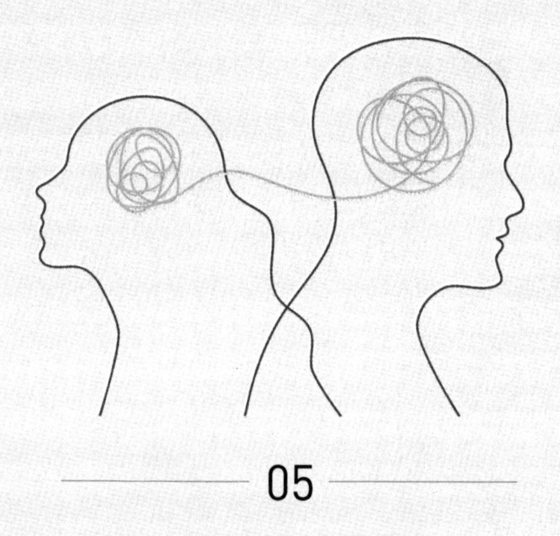

05

연애 속 삶

1. 내면적 자신감

2. 상대방을 편하게 해줘라

3. 많이 들어줘라

4. 유머는 연애의 꽃

5. 매달리지 마라

6. 자신에게 어울리는 짝을 골라라

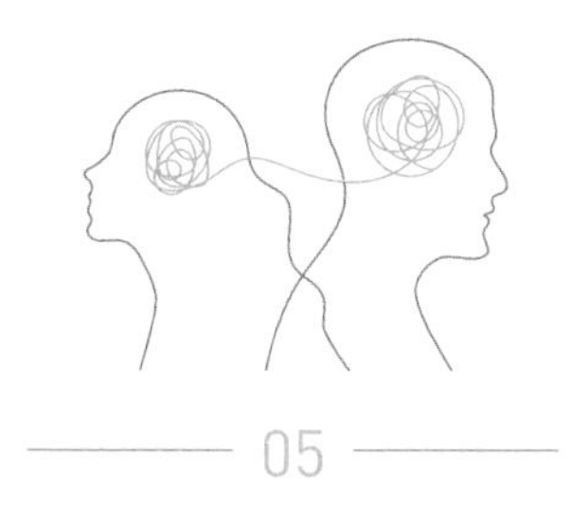

05

연애 속 삶

내게도 청춘시절이 있었기에 나도 남들처럼 연애를 해보았다. 그런데 사실 연애를 하면 마음고생도 많이 하게 된다. 나는 사랑 때문에 열병을 알고 있는 젊은이들에게 인생선배로서 연애에 관한 상담을 하는 심정으로 이 글을 쓴다. 솔직히 나는 개인적으로 직접 연애경험을 많이 하지는 못했지만, 법조인으로서 접한 숱한 사건들 속에서 다른 이들의 연애 이야기를 듣거나 상담해 준 간접경험은 풍부하다. 그 결과 나는 연애의 시작과 헤어짐의 각각의 공통된 원인이 무엇인지를 저절로 느끼게 되었다. 게다가 나는 과거 치열한 수사를 통해 체득한 심리전의 달인으로서 감히 연애의 전략전술을 얘기할 자격이 있다고 자부한다. 골프코치를 꼭 대회우승자만 할 수 있는 건 아니지 않는가.

연애에 성공하려면 반드시 아래에서 서술하는 몇 가지 점을 기억해야 한다. 하지만 이러한 것들은 상대적인 거라 솔직히 모든 경우에 100% 맞는 얘기는 아닐 것이다. 그러니 그냥 참고만 하길 바라며, 나중에 혹시 이 책 내용이 자신에게 맞지 않았다고 내게 울며불며 항의하지 않기 바란다.

1. 내면적 자신감

당신이 누구와 사귀거나 연애를 할 때 그 상대방에게 매력적인 사람이 되어야 한다. 매력이 없는 사람은 상대방에게 아무런 인상을 심어줄 수도 없으며 기억에도 남지 않는다. 그럼 매력적인 사람이 되기 위해 가장 필요한 덕목은 무엇일까? 나는 '내면적 자신감'이라고 생각한다. 내면적 자신감은 겉으로 드러내는 허풍과 다른 뜻이다. '빈 수레가 요란하다.'란 말이 있듯이, 속이 텅 빈 사람은 겉으로 허풍을 떨고 자랑을 해봐야 별로 효과가 없다. 상대방도 바보가 아닌 한 허풍쟁이의 얕은 내공이 바로 느껴지기 때문이다. 반대로 속이 꽉 찬 사람은 스스로 떠벌리지 않고 가벼운 미소만 지어도 저절로 자신감이 배어나온다. 나는 이러한 내면적 자신감을 '실력'이라 생각한다. 이러한 실력은 끊임없는 자기개발 속에서 나온다.

누구보다 자신을 사랑해라

자기 자신을 사랑하지 못하는 사람은 남을 사랑할 수도 없고, 사랑받을 수도 없다. 자신을 사랑한다는 말은 이기적으로 행동하라는 게 아니라, 자기개발을 위해 투자하는 시간을 아끼지 말아야 한다는 의미이다. 자기개발이라는 함은 꼭 공부를 의미하는 것만은 아니다.

때로는 외모, 옷, 취미, 교양, 언변, 유머감각 등도 이에 해당될 수 있다. 결론적으로 자기개발을 한마디로 요약하면 멋진 사람이 되는 것이다.

우리는 어떤 사람이 반전의 매력이 있을 때 그에게 더욱 흥미를 느끼게 된다. 옷 입었을 때는 왜소해 보였는데 수영장 가서 보니 초콜릿 복근을 갖고 있다면 우리는 "와"하고 감탄사를 내뱉게 된다. 연애도 인간관계의 일환이므로 같은 이치이다. 우리는 상대방에게 생각지도 못했던 멋진 모습을 발견할 때 그 사람에게 매력을 느끼게 된다. 예컨대, 평소 무뚝뚝하고 건조해 보였던 사람이 어느 날 카페에서 멋진 피아노 연주를 한다면, 아마 상대방은 반전매력을 느껴 그 사람에게 반할 수 있다. 이와 같이 상대의 마음을 사로잡으려면 평소 숨은 병기(兵器)를 늘 준비해야만 한다. 꼭 피아노처럼 어려운 장기일 필요도 없다. 가벼운 마술(魔術)로 상대를 즐겁게 해주는 것도 때론 멋진 반전이 된다.

보통 남녀가 연애할 때에 둘 사이가 甲乙관계인 경우가 많다. 둘이 똑같이 좋아하는 커플도 있겠지만 대부분은 어느 한쪽이 더 좋아하는 경우가 많고, 그가 바로 乙의 위치에 서게 된다. 하지만 나는 사랑을 구걸하지는 말라고 충고하고 싶다. 사랑이라는 감정은 강요할 수 없고 구걸해봐야 소용없기 때문이다. 사랑은 자신의 매력으로 상대를 감동시켜야만 얻을 수 있다. 그러기 위해서는 보다 '멋진 자신'이 되어야 한다.

내가 가끔 즐겨 듣는 가수 엄정화의 '몰라'라는 곡이 있다. 곡조는 신나는 댄스곡이지만 가사는 좀 슬픈 내용이다. 상대가 너무 잘 해줘서 고맙지만 그 사람보다 더 사랑하는 제3자가 생겨 배신한다는 줄거리이다. 가사는 다음과 같다.

어떻게 말해야 할까 다른 사람이 생겼다고
언제나 나만을 위해 나를 아껴준 그대에게
충격이 클 거야 내게 실망을 하고 배신감도 느끼겠지
하지만 내 맘이 이미 변해 버린 건
나도 잘 몰라 내가 왜 이러는지 몰라 알 수가 없어
그렇게 나를 사랑해 줬는데 왜 내가 흔들리는지
그대가 싫어진 것도 아닌데
정말 난 몰라 알 수가 없어
도대체 사랑이 어떤 거길래 나만을 아껴주었던
그대를 왜 내가 떠나는 건지 나도 모르겠어
너무도 할 말이 없어 그저 날 미워하라 했지
어쩌면 나 같은 여자 빨리 잊는 게 날거라며
하지만 그대는 나의 손을 잡으며 행복하라고 말했지
부족한 자신을 이해해 달라면서 매력이 없는 자신의 탓이라며
몰라 알 수가 없어 그렇게 나를 사랑해줬는데
왜 내가 흔들리는지 그대가 싫어진 것도 아닌데
정말 난 몰라 알 수가 없어 도대체 사랑이 어떤 거길래
나만을 아껴주었던 그대를 왜 내가 떠나는 건지
나도 모르겠어

위 가사 중 “하지만 그대는 나의 손을 잡으며 행복하라고 말했지. 부족한 자신을 이해해 달라면서 매력이 없는 자신의 탓이라며.”라는 소절이 참 인상적이다. 자신을 배반한 여자❖에게 이런 말을 하는 남자라면 정말 착한 사람이 틀림없다. 하지만 이렇게 착해도 매력이 없으면 연애에서 성공하기 어렵다. 매력이 없이 착하기만 한 것은 어찌 보면 상대에 대한 고문(拷問)일 수도 있다. 연애에 있어 인격이란 요소를 배제할 수 없지만 그것이 전부는 아니다. 남녀 간의 사랑은 이성적으로 설명되는 것이 아니라 감성적 느낌이기 때문이다. 때로는 한 순간 첫눈에 반할 수도 있는 게 바로 사랑이다.

한 연구에 따르면, 사람의 뇌에서 도파민(dopamine) 혹은 아드레날린(adrenaline)과 같은 행복호르몬이 분비되는데 걸리는 시간은 단 0.2초라고 한다. 다시 말해 누군가에게 첫눈에 반해 사랑의 감정을 느낄 때까지 걸리는 시간은 고작해야 1초도 안 된다는 뜻이다.

아마도 위 가사내용으로 보아 두 남녀 사이에서는 여자가 甲이고 남자는 乙로 보인다. 남자는 여자에게 평소 아껴주고 극진하게 대했지만 여자는 그것으로 만족이 안 되었다. 여자가 바란 것은 착한 남자가 아니라 매력남이었기에 오히려 착한 남자의 애정공세가 부담이 될 수 있다. 비단 남녀 사이의 연애뿐만 아니라 친구 간 우정이나 사업상 거래상대방도 마찬가지이다.

우리가 누군가와 계약을 할 때 상대방이 착하다고 그 사람의 물건을 사지 않는다. 그 물건이 마음에 들고 나에게 유용할 때 사고 싶어

❖ 가수가 엄정화이니 편의상 노래의 주인공을 여자라고 본다.

진다. 그럼 상대의 마음을 움직이려면 어떻게 해야 하나? 장사꾼이라면 더 좋은 물건을 팔면 되고, 남녀 간 연애라면 본인 스스로가 더 멋진 이성(異姓)이 되어야 한다. 그렇게 더 멋진 이성이 되려면 자신을 더욱 사랑하고 가꿔야 한다. 내가 생각하는 몇 가지 구체적 사례들을 들어 보겠다. 다만 이는 지극히 나의 주관적 견해이니 그 점을 미리 염두에 두길 바란다.

① 자신의 외모가 부족하다고 느낀다면, 열심히 운동을 해서 살을 빼고, 필요하다면 피부과나 성형외과에 가서 본인의 콤플렉스를 고쳐라. 물론 지나친 성형은 권하지 않지만 말이다. 또한 헤어스타일도 아주 중요하니 때로는 멋지게 변신해보는 것도 신선하다.

② 만약 자신의 학벌이 떨어진다고 생각되면, 열심히 공부해서 더 좋은 학교에 진학해라. 현실적으로 그게 용이치 않다면 지역사회학교를 가거나, 유용한 자격증을 따라. 공부는 꼭 학교에서만 할 수 있는 게 아니다.

④ 지혜가 부족하다면 열심히 독서를 해 남의 지혜를 빌려라. 독서를 통해 당신의 말에 향기가 나게 되며, 상대에게는 유식한 사람으로 보일 수 있다.

④ 가난이 문제이면 열심히 돈을 벌고, 나아가 재테크나 사업에서 성공하기 위한 노력을 해라. 그게 정 힘들면 재력을 안 따지는 사람을 만나라.

⑤ 자신이 너무 무미건조한 사람으로 비춰진다면 멋진 취미를

가져라. 당신에게 반전매력을 선사할 것이다.

⑥ 말투나 발음에 문제가 있다면 스피치학원 등에서 교정을 받아라. 연애에 있어 목소리나 어투는 아주 중요한 요소이다. 안정되고 부드러운 어투의 말 한 마디는 상대의 마음을 순식간에 녹여버린다.

⑦ 입에서 구취(口臭)가 심하게 난다면 병원에 가서 근본적인 문제점을 찾아 고쳐라. 냄새나는 입으로 하는 사랑고백은 지독히 심한 축농증 환자에게나 효과 있다.

⑧ 자신의 옷차림이 촌스럽다고 느낀다면, 멋쟁이 친구에게 자문을 받아 유행에 뒤처지지 않는 패션감각을 익혀라. 옷이 날개라는 말이 있다. 하지만 그 옷이 꼭 명품이나 비쌀 필요는 없고, 오히려 센스 있게 코디하는 면이 중요하다.

그리고 이렇게 변화된 모습으로 당당하게 좋아하는 이성(異性)에게 다가서야 한다. 상대방에게 선물공세와 깜짝 이벤트하기 위해 소요되는 시간을 자신을 위해 투자하라는 말이다. 그것이 남는 장사이다. 예전에 어떤 드라마에서 여주인공이 짝사랑하는 남자 주인공에게 이런 말을 했다.

“남자가 제일 멋있을 때가 언제인지 알아요? 바로 지금 당신처럼 와이셔츠 걷어 부치고 열심히 자기 일을 할 때에요. 저 따라다니는 애들은 다들 젖비린내 나는 애송이 같아 매력 없어요. 호호호.”

앞서 말한 마스이 사쿠라(ますい さくら)가 저술한 <긴자마담이 이야기하는 성공하는 남자의 화술>이란 책 안에서, 그녀는 어떤 남성

으로부터 유혹을 받지 않았음에도 그의 강한 의지에 끌렸는데, 그 남자의 신념은 이러했다고 한다.

> 신이라도 한 인간을 천국으로 보낼지 지옥으로 보낼지를 결정하려면
> 그 사람이 태어나서 죽을 때까지 지칠 만큼 고민해야 할 테니,
> 나도 뭐든 쉽게 포기하지 않아

만약 당신이 자신을 위해 시간을 투자하는 사이 상대방이 다른 사람에게 가버린다고 해도 너무 괘념치 마라. 왜냐하면 당신이 이미 멋지게 변화된 이상 꼭 그 사람이 아니어도 더 좋은 사람을 만날 수 있기 때문이다. 또한 떠난 사람도 조만간 당신의 발전된 모습에 마음을 바꿔 당신에게 되돌아올 수 있다. 요컨대, 상대방의 마음을 얻기 위해서는 먼저 자신이 멋지게 변화되어야 한다. 그것이 돌아가는 것 같지만 가장 빠른 지름길이다. 매력 있는 변신. 이것이 바로 '사랑의 묘약(L'elisir d'amore)'이다.

2. 상대방을 편하게 해줘라

상대를 편하게 해주기 위해서는 인내심을 갖고 상대가 마음을 열 때까지 기다려야 한다. 그리고 대화에 있어서도 상대를 편하게 해줘야 하므로 친해지기 전까지는 어떤 대화는 가급적 피해야 한다.

(1) 기다림

우정이나 사랑 모두 상대방에게 부담을 주어선 절대 안 된다. 우리는 누군가를 처음 만나면 본능적으로 그를 경계하고 마음의 문을 쉽게 열지 않는다. 상대를 아직 잘 알지 못하기에 당연하다. 만약 당신이 누군가를 좋아하게 되었는데, 그 사람은 아직 당신에게 마음의 문을 열지 않는다면 어떨까? 참 답답한 노릇일 것이다. 그런데 모든 액체들의 비등점(沸騰點)❖이 다르듯이 사람들 사이에 사랑의 감정을 느끼는 데는 시간적 차이가 있기 마련이다. 따라서 먼저 달아오른 사람이 상대방에게도 자신과 같은 감정을 바로 요구하면 안 된다. 왜냐하면 비등점이 다른 두 액체는 융화될 수 없듯이, 그 사랑은 실패할 확률이 높아지기 때문이다. 그러므로 우리는 상대방도 같은 감정을 가질 때까지 시간을 주며 기다려야 한다. 통상 남자가 여자보다 비등점이 낮아 먼저 달아오르는 경향이 많은데 이 시점이 가장 '밀당'❖❖이 필요한 순간이다.

이때 상대방은 아직 준비가 안 되었다고 느껴지면 섣부른 사랑고백을 해서는 안 된다. 제 딴에는 용기를 낸 다고 너무 서둘러 사랑고백을 할 경우 상대방은 부담스러워 당신을 멀리 할 수 있다. 낚시꾼들은 낚싯바늘에 걸린 물고기를 바로 잡아당기지 않는다. 한참 동안 줄을 풀었다 당겼다 밀당을 하면서 물고기의 힘을 뺀다. 억지로 섣불리 당

❖ 기포가 발생하면서 액체가 끓기 시작하는 온도.
❖❖ 밀고 당기기의 약자로서, 연인이나 부부, 또는 경쟁 관계에 있는 두 사람 사이에 벌어지는 미묘한 심리싸움을 '밀고 당기는 줄다리기'에 비유하여 이르는 말.

기다 물고기의 입이 찢어져 바늘이 빠져버릴 수 있기 때문이다.

너무 이른 감정표현은 오히려 상대방으로 하여금 당신에 대한 호기심을 가질 기회를 빼앗아 버린다. 상대방도 당신에게 설레는 흥분을 느끼게 해줘야만 한다. 그런데 당신이 너무 맥없이 전력을 다 노출해버리면, 당신은 상대에게 매력이 없어 보이게 된다. 따라서 천천히 조금씩 다가서되 결코 당신의 모든 것을 서둘러 노출해서는 안 된다. 약간의 신비로움이 있을 때 상대는 당신에게 더욱 호기심과 관심을 갖게 된다.

그럼 도대체 언제까지 기다려야만 하는 것일까? 당신이 감정을 억제하고 상대방을 기다리고 있지만 사실 상대방은 이미 당신의 감정을 눈치 채고 있다. 따라서 상대방도 마음의 준비가 되었다고 느끼면 반드시 당신에게 힌트를 준다. 마치 낚시질에서 물위에 반쯤 떠있는 찌가 움직이듯 말이다. 그 때가 바로 당신이 낚싯줄을 힘차게 당겨야 하는 순간이다.

(2) 피해야 할 대화

대화의 주제는 가벼운 것부터 시작해야 한다. 어떤 사람은 처음 보자마자 아주 무거운 주제를 늘어놓는데 상대방은 아직 그런 대화를 할 마음이 없다. 서먹한 사이에서 특히 피해야 할 대화의 주제는 다음과 같다.

첫째, 종교나 정치문제이다. 이런 주제는 개인적 신념 혹은 양심에 관한 것으로서, 상대방과 우연히 일치하면 몰라도 다를 경우 싸움으로 번지기 십상이다. 그리고 설사 일치된다고 해도 처음부터 꺼내기에는 부담스러운 주제이다. 심지어 친한 친구들 사이에서도 이런 주제는 가능한 피하는 편이 좋다. 특히 어떤 사람들은 단체톡이나 밴드(band) 같은 다중의 대화방에 이런 주제를 올리는데, 이것은 사상이 다른 사람들에 대한 예의가 아니다.

둘째, 지나치게 사적인 영역에 너무 깊이 들어가면 안 된다. 예컨대 상대방의 신체에 관한 얘기, 학벌, 재력, 과거 연애사 등을 서둘러 묻는 것은 대단한 실례이다. 그런 질문은 때로는 모욕적으로 들릴 수 있기 때문이다. 나아가 친하지 않은 관계에서 그러한 질문을 하는 사람은 왠지 속물처럼 보인다.

또한 상대방이 뭔가를 숨기거나 고민하는 것이 있어 보일 때, 궁금해도 그걸 먼저 물어보면 안 된다. 예컨대 상대방이 하루 종일 시무룩해 있다면, 그냥 옆에서 지켜보며 재밌는 얘기로 분위기 전환을 해줘라. 그렇게 상대가 스스로 자신의 고민을 털어놓을 때까지 조용히 기다려주면, 상대방은 오히려 당신에게 따뜻한 위로를 느끼게 된다. 반대로 당신이 위로해준답시고 자꾸 뭐가 문제냐고 꼬치꼬치 다그치면, 상대방은 마음의 문을 닫아버리거나 심지어는 짜증을 낼 수도 있다.

셋째, 가능한 가족관계를 묻지 마라. 그런 질문을 하면 상대방은 "호구 조사하나?"라고 기분 나빠할 수 있다. 그리고 경우에 따라서는 가족들 사이가 별로 좋지 않은 사람들도 많으니 가족얘기를 대화의 주제로 올리지 않는 편이 좋다. 상대가 먼저 자신의 가족얘기를 스스로 꺼낼 때까지 궁금해도 참아야 한다. 그리고 혹시 가족얘기가 나올 경우에도 상대를 다른 형제자매들과 비교하지 마라.

넷째, 절대로 욕이나 거친 행동을 하지 마라. 흔히 마초(macho) 성향의 남자는 거칠고 저속한 말이나 행동을 하면 남자답게 보인다고 착각한다. 하지만 저속한 비어(卑語)나 욕설을 하면 상대방에게 절대로 좋은 인상을 심어줄 수 없다. 부드러움이 강함을 이기는 듯, 세련되고 부드러운 말투가 훨씬 감미롭고 신사적으로 보인다.

또한 자동차로 데이트를 할 경우에도 너무 거칠게 과속으로 운전하면 상대방은 불안해한다. 여유롭게 다른 차에 양보하면서 신호와 제한속도를 지켜 운전할 때 당신의 매너는 돋보일 것이다.

다섯째, 지나친 자기 자랑은 피해야 하는데, 특히 외모, 학벌, 돈 자랑은 절대로 하면 안 된다. 잘난 사람은 자기가 얘기하지 않아도 상대방이 그 장점을 벌써 알고 있다. 그런데 자기 스스로 이를 떠들어 버리면 그 장점들은 이미 김빠진 맥주처럼 싱거워지기 마련이다. 다만 농담 투로 던지는 가벼운 자기자랑은 상대방에게 자신감으로 보여 좋은 이미지를 심어줄 수도 있다.

여섯째, 절대로 상대의 단점을 얘기하거나 충고하지 마라. 사람들은 누구나 자신의 단점을 대화의 주제로 삼는 것을 좋아하지 않는다. 그리고 함부로 충고할 경우 상대방은 그 내용을 듣지 않고 그냥 당신을 미워하게 된다.

(3) 권장하는 대화

그렇다면 아직 친해지기 전 어색한 사이에 어떤 대화가 상대방을 편하게 해줄까?

첫째, 취미나 운동 얘기를 해라.

"내 취미는 게임하는 건데 넌 뭐야?"

"난 야구 좋아하는데……. 내가 제일 좋아하는 선수는 이승엽이야."

"얼마 전에 손흥민 선수 골 넣는 장면 보았어? 환상적이지 않아?"

이렇게 가벼운 대화를 하면 상대방도 자연스럽게 응답한다. 외국 사람들은 대개 처음 만나면 날씨와 취미 얘기를 한다. 하지만 너무 잔인하거나 위험한 운동 얘기는 피해라. 예컨대,

"어제 UFC 종합격투기를 봤는데 한국 선수가 일본 선수를 완전히 박살내버렸어. 일본 선수 얼굴이 완전히 피투성이가 되었지."

"난 오토바이를 즐기는데 어제는 경찰단속을 피해 시속 150킬로미터까지 내봤어. 언제 한 번 태워줄까?"

이런 얘기를 하면 상대방은 당신을 너무 폭력적인 사람이 아닌가 하는 의심하게 되거나, 극도의 위험한 스포츠를 즐기는 '데어데블(daredevil)'❖로 인식해 당신을 배우자 후보에서 배제시켜 버릴 수 있다.

또한 아무리 취미얘기가 좋다고 하나, 상대가 전혀 관심 없는 분야이면 피하는 편이 좋다. 이 점은 아래 3항(많이 들어줘라)에서 자세히 설명하겠다.

둘째, 주로 일상적인 얘기를 많이 해라. 예컨대 감동 깊게 본 영화나 드라마, 웃긴 개그프로 얘기 혹은 주변에서 벌어진 재밌거나 희한한 일 등등. 다만 너무 장황스럽게 얘기하면 오히려 역효과가 날수

❖ 'daredevil'를 번역하면 '저돌적이고 무모한 사람'인데, 미국에서는 주로 극한의 위험한 스포츠, 자동차, 오토바이 등을 목숨 걸고 즐기는 사람들을 뜻하는 말로 사용된다.

있으니 처음에는 가볍게 줄거리나 느낌 정도만 짚고 넘어가는 편이 좋다. 그리고 너무 폭력적인 액션 영화보다는 감동적인 영화 얘기가 좋은 인상을 심어준다.

"혹시 '쇼생크의 탈출'이란 영화 봤어? 정말 너무 감동적인 내용이야. 자유를 향한 몸부림……. 특히 마지막에 주인공이 감옥에서 탈출해 하늘에서 내리는 비를 온 몸으로 맞는 장면이 잊혀지지 않아."

"아……, 나 주인공이 암에 걸려 죽는 장면에서 그만 울어버렸어. 어린애처럼 말이야."

이런 감동적 대화를 진지하게 하면 상대방은 당신이 감수성이 예민하고 마음이 따뜻한 사람이라 생각하게 된다.

셋째, 예술 얘기를 많이 해라. 음악이나 미술 등 상대방이 관심 갖는 분야면 더욱 좋다. 특히 음악 얘기를 할 때는 단지 감상만 하는 것이 아니라 노래 가사 내용을 설명한다든지, 그 노래의 배경 등을 가볍게 설명해주면 상대방은 아주 흥미로워 한다. 내가 대학 다닐 때는 DJ 이종환씨가 팝송을 번역해서 설명해 주곤 했는데, 미팅자리에서 여학생에게 그걸 외워서 얘기해줬더니 아주 재밌어 했던 기억이 난다.

넷째, 상대방을 칭찬해줘라. "칭찬은 고래도 춤추게 한다"는 말이 있다. 사람은 누구나 칭찬받으면 기분 좋다. 특히 이성으로부터 받는 칭찬은 더 우쭐하게 만든다. 가능하면 상대의 장점을 부각시켜 주고, 상대가 좋아하는 바를 대화의 주제로 삼아라. 그런데 어떤 사람은 너무 대놓고 칭찬을 해서 상대를 오히려 무안하게 하곤 한다. 따라서 상대를 칭찬을 할 때 가볍고 재치 있게 해야지, 너무 노골적이거나 지속적으로 하면 오히려 상대방은 민망해져 역효과가 날 수 있다.

종합적으로 살펴보면, 권장하는 대화의 주된 주제들이 대개 음악, 미술, 체육 등과 관련된 것 같다. 예전에 대학동기 모임에서 어떤 친구가 했던 말이 떠오른다.

"고등학교 때는 국영수 잘하는 놈이 최고지만, 사회 나오면 음미체 잘하는 놈이 최고야."

정말 폐부에 와 닿는 멋진 말인 것 같다.

3. 많이 들어줘라

탈무드에 나오는 명언 중 내가 제일로 꼽는 것은 이것이다.

인간의 입은 하나 귀가 둘이다
이는 말하기보다 듣기를 두 배 더 하라는 뜻이다

실제로 현대의 유대인 문화를 살펴보면, 그들은 사실 듣기보다도 오히려 말하기의 중요성을 강조하여 토론문화가 무척 발달하였다. 이스라엘의 대학은 도서관에서 우리처럼 조용히 공부하는 분위기가 아니라, 여러 그룹을 만들어 자기들끼리 끊임없이 토론을 하는 문화가 일반적이다. 하지만 자신의 의견을 피력하려면 남의 얘기도 잘 경청해야 대화가 계속 이어질 수 있다. 탈무드의 명언과 관련된 일화를 소개하면 다음과 같다.

어느 날 선생님이 제자에게 물었다.

"사람의 입은 하나인데 귀는 두 개 달렸지? 왜 그럴까?"

제자는 가만히 생각한 다음 대답했다.

"입은 말을 하기 위해서 있고, 귀는 다른 사람의 말을 듣기 위해서 있는 것입니다. 입보다 귀가 더 많은 까닭은 말을 많이 하기보다는 다른 사람의 말을 잘 들으라는 뜻이 아닐까요?"

가만히 고개를 끄덕이던 선생님이 또다시 물었다.

"사람의 눈동자는 흰자위와 검은자위로 이루어져 있지? 그런데 그 중에서 세상을 보는 부분은 검은자위란다. 그렇다면 왜 검은 쪽으로 세상을 보는 것일까?"

제자는 한참 생각한 다음 입을 열었다.

"눈동자처럼 세상에도 밝은 부분과 어두운 부분이 있습니다. 그런데 검은자위로 세상을 보게 되어 있는 것은 세상의 밝은 부분보다 어두운 부분을 보는 데 더 힘을 쓰라는 뜻이라고 생각합니다."

"그렇다면 밝은 세상은 무엇이고 어두운 세상은 무엇이냐?"

선생님이 물었다.

제자는 이렇게 대답했다.

"기쁨 · 즐거움 · 사랑 · 풍요로움이 있는 곳은 밝은 세상이고, 슬픔 · 불행 · 아픔이 있는 쪽은 어두운 세상입니다. 슬프고, 아프고, 불행한 사람을 먼저 보고 살필 줄 알아야 다 함께 밝은 세상을 누릴 수 있습니다. 그래서 검은자위로 세상을 보는 것 아닐까요?"

선생님은 제자의 지혜로운 대답에 마음이 흐뭇했다.

사람들은 대개 남의 얘기를 듣는 것보다 자신의 얘기를 하는 걸 더 좋아한다. 그 이유가 무엇일까? 누구나 관심 있는 주제에 관해 대화하길 원하며, 전혀 무관하거나 이해 안 되는 얘기를 원하지 않기 때문이다. 골프를 좋아하지 않는 사람에게 '마스터스 골프대회'를 백날 이야기해봐라. 수학을 전혀 모르는 사람에게 미적분 얘기를 장황하게 설명해봐라. 상대방은 이내 지루함을 느끼고 아마 당신과의 대화를 피할 것이다. 그래서 사람들은 관심사를 대화의 소재로 삼기 위해 듣는 것보다는 말하는 것을 더 좋아하는 것이다.

하지만 만약 자신이 평소 궁금해 하는 점에 관한 주제라면 상황은 달라진다. 성형에 관심 많은 여자가 우연히 성형외과 전문의를 사적인 자리에서 만났다고 가정해보자. 아마 그 여자는 의사의 말에 경청할 것이고 절대로 지루해하지 않을 거다. 분명히 그 여자는 귀를 쫑긋 세워 상대의 이야기를 빠짐없이 들으려 한다. 왜냐하면 자신의 지상 최대의 관심사이기 때문이다. 그런데 문제는 이런 특수한 상황 말고는 우리는 처음 만난 상대가 무엇에 관심이 있는지 알 수 없다. 보통 사람들은 자연스럽게 자신이 알고 재미있어 하는 분야에 관해 얘기를 꺼내기 때문에 어쩔 수 없이 대화내용은 말하는 사람이 원하는 주제로 흐르게 된다.

역지사지(易地思之)란 말이 있다. '다른 사람의 처지에서 생각하라'는 뜻이다. 즉 상대방 역시 자신의 얘기를 하고 싶어 하고, 당신 얘기에는 큰 관심이 없다. 사람들 중에는 심지어 남의 얘기를 들으면서도 다음에 얘기할 자신의 대화내용을 마음속으로 준비하고 있는 사람들도 많다. 따라서 상대를 즐겁게 해주는 대화를 이끌어 가고 싶으면 상대방이 얘기를 주로 하게끔 해야 한다. 그럼 상대방은 아주 재밌게 자신의 관심사를 이야기할 것이며, 누군가 이를 열심히 들어주면 행복해 한다. 이런 이치는 남녀 간의 데이트에서 뿐만 아니라 친구지간이나 비지니스 관계에서도 마찬가지다. 상대방의 얘기를 경청해줘야 그 사람이 당신에게 마음을 열게 된다.

나는 여기서 한 가지 점을 짚고 넘어가고 싶다. 어떤 사람은 탈무드를 너무 많이 읽어서인지 모르겠지만 남의 얘기만 들어주고 자신은 거의 얘기를 하지 않는다. 예전 개그프로에 나왔던 '침묵니우스'와 비슷하다. 그런데 나는 이러한 대화법은 별로 추천하고 싶지 않는데, 그 이유는 대화에서 정말 중요한 요소가 바로 '리액션(reaction)'이기 때문이다. 즉 상대방이 뭔가 열심히 얘기하는데 마냥 미소만 지으며 듣기만 하면 상대방은 무안함을 느끼게 되고 대화는 더 이상 진전이 없게 된다. 반면 상대방이 얘기할 때 박수치며 웃거나 아니면, 그 대화를 더 심도 있게 진행시키는 말대꾸를 해줄 때 상대방은 정말로 행복해 한다.

탈무드에서 나온 위 일화는 정말 우리가 기억해야 하는 진리이다. 하나님이 우리에게 귀를 두 개 주고 입을 한 개 준 이유는 남의 얘기를 정확하게 두 배 더 들어주라는 의미가 아닐까? 따라서 대화를 할 때 '귀와 입의 비율' 즉 2:1 정도로 하는 게 좋으므로, 상대방 얘기시간의 절반 정도의 시간을 리액션 시간으로 할애하라. 그것이 바로 신이 우리에게 준 '황금비율'이기 때문이다.

4. 유머는 연애의 꽃

보통 개그맨들이 결혼을 잘 한다는 말이 있다. 실제로 개그맨들의 배우자들을 보면 일등 신랑·신붓감이 많은 것을 알 수 있다. 그 이유 중 상당부분은 개그맨들의 유머감각 때문이 아닐까 하는 생각이 든다. 사람들은 대화를 통해 서로의 인격과 감성을 교류한다. 그런데 대화에 있어 유머는 중요한 양념 역할을 톡톡히 한다. 유능한 정치인들도 곤경에 처해 할 말이 없을 때 마지막 카드인 유머와 재치를 꺼내든다. 한 바탕 웃고 나면 사실 왠지 그 주제 자체가 희화화(戱畫化)되어 버려 처음부터 별거 아닌 일처럼 된다. 그렇게 정치인들은 위기를 넘기면서 자신을 변명하고 오히려 상대를 뻘쭘하게 만들어 버린다. 이처럼 해학과 유머는 대화에 있어 핵무기같이 파괴력이 대단하다. 그런데 이렇듯 파괴력 있는 유머를 구사하려면 어떻게 해야 할까?

모임에 가면 어떤 사람들은 주위에서 들은 재밌는 얘기를 준비해 와서 떠든다. 그런데 아무도 웃지 않고 정작 말한 사람 혼자만 웃는다. 소위 말하는 '아재개그'인데 이러한 것은 때로는 오히려 분위기만 썰렁하게 만든다. 따라서 정말 재밌는 유머를 구사하려면 외운 유머가 아니라 스스로 만드는 재치 있는 유머, 즉 위트(wit)가 필요하다. 상대의 말을 재치 있게 되받아치고, 남들이 하지 못하는 기발한 비유와 표현을 사용할 때 주위 사람들은 '빵' 터진다. 이러한 재치로 위기를 넘긴 실제 사례를 하나 들어보겠다.

어느 대학 선후배 부부모임 행사가 있었다. 분위기가 한 참 무르익을 무렵 한 여성이 자신의 남편에 대해 험담을 늘어놓았다.

"우리 남편은 글쎄 사람 보는 눈이 너무 없어 큰일 이예요. 맨날 사기도 잘 당하고……"

그러자 맞은편에 앉아 있던 남편의 선배가 나섰다.

"아 사모님 그래도 옆에 남편도 계시는데 그런 말씀 하시면 곤란하죠. 그렇게 말씀하시는 사모님은 사람 보는 눈이 좋으세요?"

"물론이죠. 저는 사람 보는 눈이 아주 날카롭죠. 척 보면 좋은 사람인지 나쁜 사람인지 바로 알아채요."

그 사모는 의기양양했다. 그러자 사모 옆에서 가만히 듣고 있던 사모의 남편이 드디어 입을 열었다.

"여보 그래서 우리 둘이 만나 결혼한 거 아니겠어?"

순간 그 모임은 웃음바다가 되어 버렸다. 남편의 재치가 돋보이는 순간이었다. 남편은 아내의 얘기를 그대로 이용한 것이다. 자신은 사람 보는 눈이 없어 아내를 고른 것이고, 아내는 사람 보는 눈이 좋아 남편을 선택한 것이라는 의미를 함축한 것이다. 남편은 여러 사람들 앞에서 아내로부터 공격을 당하였지만 화를 내지 않고 재치 있게 위기를 기회로 만들어 버린 것이다. 이렇듯 유머라는 것은 최악의 상황으로 치달을 수 있는 분위기를 한 순간에 웃음바다로 변화시키는 묘한 마력(魔力)이 있다.

그런데 이런 순발력 있는 유머감각은 하루아침에 습득되는 것이 아니다. 나는 취미생활로 색소폰을 연주하는데, 그 중 제일 어려운 점이 '즉흥연주(improvisation)'이다. 흔히 '재즈(jazz)' 혹은 '애드립(ad lib) 연주'라고도 부른다. 즉흥연주는 정식 악보에는 없는 선율을 즉석에서 만들거나 꾸밈음 등으로 변화를 주어 화려하게 연주하는 테크닉을 뜻한다. 나는 이러한 프로들의 즉흥연주가 너무 부러워 색소폰 선생님에게 물어보았다.

"선생님! 즉흥연주는 도대체 어떻게 하는 거죠? 프로들 하는 거 들으면 너무 부러운데 잘 안되네요. 요령 좀 알려주세요."

선생님은 이렇게 답변하였다.

"즉흥연주를 하려면 코드와 스케일에 관해서도 어느 정도 이해해야 하지만, 무엇보다 중요한 것은 여러 프로들이 연주한 좋은 곡들을 많이 듣는 거예요. 좋은 선율이 있으면 그것을 한 번 외워보는 것도 좋아요. 똑같이 그 선율을 사용할 필요는 없지만, 그것을 응용할 수 있으면 의외로 훌륭한 즉흥연주가 될 수 있어요."

선생님은 나에게 생각처럼 쉬운 일은 아니라고 덧붙였다. 하지만 그는 계속해 좋은 연주를 듣다 보면 어느새 나에게도 감각이 생기게 될 거라 용기를 주었다.

나는 유머감각도 비슷하다고 생각한다. 개그맨들도 처음부터 대중을 웃기지는 못했을 거다. 끊임없이 다른 사람들의 유머를 듣고 어디가 포인트인지 감각적으로 느끼게 되면, 언젠가 자신도 모르게 툭툭 던지는 말에 상대방이 빵 터지게 되는 것이다. "모방은 창조의 어머니이다."라는 말이 있다. 따라서 유머가 많은 사람들과 자주 만나서 그들의 말투를 배우는 것이 유머감각을 키우는 지름길이다. 그러다 보면 우리는 어느 순간 "아! 이 사람 말이 왜 웃기는 것인지 알거 같아"라는 느낌을 받게 될 것이다. 이 말은 결코 그 사람의 말을 외워서 상황에도 안 맞게 억지로 써먹으라는 뜻이 아니다. 다만 유머 많은 사람들의 말투를 자주 접하게 되면, 우리는 그들부터 일정한 패턴(pattern)과 절묘한 타이밍을 느낄 수 있다. 색소폰 연주에서는 이런 패턴을 '프레이즈(phrase)' 혹은 '릭(licks)'이라 부르는데, 이런 패턴들을 많이 외우면 어느 순간에 비슷한 상황에서 적절하게 응용할 수 있게 된다.

바둑 또한 마찬가지이다. 바둑의 고수가 되려면 자신보다 더 잘 두는 고수와 계속 대국을 둬야 효과적이다. 혼자 집에서 책 속의 기보(棋譜)를 아무리 공부해봐야 큰 소득은 없다.

이러한 점은 아기들이 처음 말을 배우는 과정을 보면 쉽게 이해된다. 아기는 처음에 '엄마'라는 간단한 말을 하는데도 힘겨워한다. 숱한 옹알이를 한 뒤 겨우 '엄마'라는 말을 완성한다. 그동안 아기는 '엄마'라는 단어를 얼마나 많이 듣고 외웠을까? 아마 하루에도 수백 번 듣고 자신도 흉내 내려고 시도했을 것이다.

유머도 일종의 언어이다. 이러한 언어를 자신의 것으로 만들려면, 유머라는 언어를 유창하게 구사하는 고수들과 자주 만나서 배워야 한다. 그러기 위해서는 고수의 유머를 듣고 마냥 웃지만 말고, 나아가 그 사람의 말투나 내용을 분석하고 메모해 봐라. 그렇게 연구하는 자세가 있으면 배움의 시간은 훨씬 단축될 수 있다.

5. 매달리지 마라

연애를 하다 보면 상대방으로부터 느닷없이 이별을 통보받는 경우가 종종 생긴다. 소위 말해 차인 것인데, 이 경우 두 가지 가능성을 생각해 볼 수 있다.

첫째, 상대방이 정말 당신이 싫어진 경우이다. 이 경우는 사실 답이 없으므로 그냥 헤어져야 한다. 이미 마음이 완전히 떠난 사람에게 울며불며 매달려봐야 자신만 더 비참해진다. 그럴 경우 아마 상대방은 당신에게 그나마 남아 있던 조금의 미련조차 사라져, 당신을 영원히 '찌질이'로 기억할거다. 당신이 상대방을 사랑한다고 그 사람도 당신을 사랑해야 하는 등식은 성립되지 않는다. 사랑은 상호 교감하는 거지 일방이 상대에게 강요할 수는 없기 때문이다.

요즘 들어 나는 종종 스토킹 사건을 의뢰받는다. 가해자는 이미 떠난 사람 집 앞에서 숨어 기다리고, 문자폭탄을 보내고, 심지어는 몰래 미행까지 한다. 하지만 이것은 엄연한 범죄이며 당신의 미래를 망치는 어리석은 행동이다. 상대방은 스토커로 인해 엄청난 정신적 고통을 당하여 정신치료까지 받기도 한다. 한때나마 좋아했던 사람에게 그러한 고통을 줘서 당신에게 무슨 의미가 있겠는가?

활시위를 떠난 화살은 아무리 붙잡고 싶어도 되돌릴 수 없다. 당신이 연인으로부터 차인다면 매달리지 말고 먼저 자신에게 어떤 단점이 있는지를 분석해야 한다. 그래서 다음 연애에서는 똑같은 실수를 범하지 않도록 준비해야 한다. 자신을 냉정하게 돌아봐 원인분석을 하고, 만약 그것이 정 어려우면 친한 친구들에게 고민을 털어놓아봐라. 그러면 친구들은 당신에게 도움을 줄 거다.

실수와 실패는 누구나 다 한다. 하지만 지속되는 실수나 실패는 어리석은 사람들만 한다. 당신은 지금은 떠난 연인이 미치도록 보고 싶고 그립겠지만 그런 감정도 세월이 치유해 준다. 언젠가 당신이 더 나은 연인을 만나게 된다면 차라리 지금 차인 순간에 감사할 수도 있다. 우리가 학창시절 중간고사나 기말고사를 치루면서 실력이 늘 듯이, 지금 당신이 겪는 시련은 아마 이런 시험들 중 하나일 것이다. 만약 학생이 이런 시험들을 전혀 치루지 않는다면 실력이 크게 향상되지 못할 것이다. 시험은 우리 인생에 있어 이러한 마디 역할을 하는 것이고, 그것을 통해 우리는 한 단계 더 발전할 수 있다.

둘째, 상대방의 마음이 완전히 떠나지 않은 경우이다. 이 경우는 참 애매하므로 해법 역시 매우 복잡하다. 첫째 경우는 헤어지면 그만이지만 이 경우는 아직 헤어지기에는 시기상조일 수 있다. 여드름도 완전히 곪아버리면 오히려 짜기도 쉽고 덜 아픈데, 덜 익은 여드름은 짜 내기도 어렵고 매우 아프다. 그리고 잘못하면 흉터도 쉽게 질 수 있다.

그런데 나는 이런 경우에도 절대로 매달리지 말라고 권하고 싶다. 왜냐하면 이런 경우에는 상대방도 아직 미련이 남아 있기 때문에 당신의 반응을 예의주시한다. 뒤도 안 돌아보고 떠나버리진 않는다는 말이다. 그런데 만약 이때 당신이 떠나지 말라고 붙잡으며 저자세로 매달리면, 상대방은 더욱 자신의 결정이 옳았다고 느끼게 된다. 왜냐하면 매달리는 사람은 매력이 없어 보이기 때문이다. 흔히 낚시꾼들 사이에 유행하는 말이 있다.

놓친 고기가 커 보인다

만일 당신이 이별을 통보하는 상대방에게,
"진심이야? 아쉽지만 나한테 맘이 떠난 거 같으니 붙잡지 않겠어.

그 동안 행복했어. 좋은 사람 만나. 안녕!"

이렇게 쿨하게 말하면 어떨까? 아마 상대방은,

"어? 이거 뭐지? 안 붙잡네. 이거 뭔 자신감? 뭔가 믿는 구석이라도 있나?"

이렇게 의아해 하면서 떠난 당신에 대한 미련을 갖게 될 거다. 이것이 바로 밀당고수들이 하는 필살기이다. 하지만 아무리 기분이 나빠도 절대로 상대방을 원망하거나 비아냥거리는 거친 말이나 행동을 하진 마라. 정말 그 사람과 헤어질 것이 아니라면 말이다. 그런데 이 경우 어떤 이는 마지막 말에서 실수를 하곤 한다.

"잘 가라. 마음 바뀌면 다시 연락해라. 기다릴게……"

이건 다 된 밥에 코를 푸는 것이다. 앞서 <장판교의 전투> 얘기를 했는데 바로 장비가 장판교를 부수는 어리석은 행동과 비슷하다. 그 전까지 상대방은 당신의 담담한 태도에 "혹시 내가 괜히 이별하자고 했나?"라고 고민을 하고 있었을지도 모른다. 마치 조조가 장비 뒤에 복병이 도사리고 있을지도 모른다고 우려했듯이 말이다. 그런데 당신이 자기를 기다린다고 말하는 순간,

"아 얘는 아직 내 처분에 달린 존재이구나. 시시하네……"

이런 교만한 생각이 들게 되는 거다. 상대방이 나를 계속 기다린다고 생각하면 그 사람에 대해 안심이 되며 더 이상 긴장감이 생기지 않는다. 자신이 언제든 잡을 수 있는 '투망 안에 놓인 고기'라고 생각하기 십상이다. 투망 안의 고기에게 먹이를 주는 낚시꾼은 아무도 없다.

결론적으로 상대방이 당신에게 이별을 통보하면 어느 경우에도

모두 쿨하게 보내주고 잊어버려라. 만약 인연이라면 상대방이 얼마 뒤 당신에게 다시 만나자고 웃으면서 되돌아 올 것이다.

6. 자신에게 어울리는 짝을 골라라

많은 젊은 남녀가 사랑에 실패하는 근본적 이유는 사실 처음부터 짝을 잘못 골랐기 때문이다. 나는 앞서 <행복을 찾아서>라는 영화 얘기를 할 때, 처음부터 잘못된 선택을 할 경우 아무리 노력하며 발버둥 쳐봐야 '밑 빠진 독에 물 붓기'라고 말했다. 즉 우리는 애초의 선택을 함에 있어서부터 최선을 다해야만 한다. 그리고 만약 그 선택이 잘못되었다고 느껴지면 새로운 선택을 함에 주저 없어야 된다. 사랑의 법칙에도 마찬가지 규칙이 적용된다. 그래서 처음에 연인을 고를 때 신중해야 한다. 연인을 고르는 기준은 저마다 다 각양각색이겠지만 반드시 지켜야 할 공통된 점이 몇 가지 있다.

첫째, 인격적 요소이다. 인격이 바탕이 되지 않는 사랑은 어찌 보면 단순한 욕정 내지 소유욕일 수 있다. 인격이라 함은 상대를 정말로 배려해주는 마음씨이며, 자신을 양보하고 희생할 줄 아는 인내심이기도 하다. 연애를 하면서 너무 자주 싸우게 된다면 이는 둘 중 적어도 하나의 인격에 문제가 있는 것이다. 사실 연애를 하면서 때로는 질투심에 화가 나기도 하고 상대의 무능함에 지칠 때도 있다. 그렇지만 같은 상황이 닥친다고 해도 인격이 있는 사람과 부족한 사람의 반응은 천양지차이다. 만약 당신이 연인과 1년에 12번 이상 싸운다면 그것은 상대방이 당신에게 맞지 않는 인연일 수 있다.

"싸우면서 정든다."

이런 말도 있지만, 내게는 그다지 설득력이 없다고 느껴진다. 서로 아껴주고 보듬어주기에도 인생은 그다지 길지 않다. 그런데 허구한 날 싸운다면 그것은 처음부터 상대방을 잘못 선택하였는지 되짚어 봐야 하는 신호탄이다. 잘못된 선택을 해 놓고 최선을 다해 봐야 소용없다. 우리가 광주를 가야 하는데 경부선을 탔다면 어떻게 되겠는가? 가면 갈수록 목적지와는 멀어지고 간만큼 다시 되돌아와야만 한다. 처음부터 내비게이션으로 정확한 목적지를 검색하고 길을 나서야 하듯 연애도 마찬가지이다. 만약 당신이 잘못된 선택을 했다고 느낀다면 빨리 원점으로 되돌아와 다시 출발하는 편이 좋다.

둘째, 현실적 요소이다. 연애도 결국 결혼을 전제로 하는 것이다. 지금 당장은 연애만 하고 결혼은 생각 없다고 해도 세상일은 그 누구도 모른다. 그런데 자신의 처지가 연애상대와 사회적, 경제적, 연령 면에서 너무 차이가 나면 나중에 반드시 갈등의 요소가 된다. 혹자는 이렇게 말할 것이다.

"사랑하면 모든 역경과 차이를 다 극복할 수 있어."

우리는 수많은 영화, 드라마 혹은 소설 등에서 드라마틱한 러브스토리를 보고 감동을 받는다. 그리고 이런 것들을 보며 어떤 이는 신데렐라와 같은 신분상승의 꿈도 갖게 된다.

"백마 탄 왕자님(혹은 공주님)은 언제나 나한테 올까?"

하지만 이런 생각은 가능한 하지 말았으면 좋겠다. 세상에 공짜가 없다고 했는데 남녀 간에도 마찬가지이다. 자신의 가치가 상대의 그것과 너무 차이가 나면 그런 만남은 성사되기 힘들고, 가령 된다고 해도 끝까지 행복하게 지속되기 어렵다. 만약 당신이 누군가를 진정으로 사랑하는데 당신이 현실적으로 많이 기우는 처지라 느낀다면, 당신이 상대방에게 어울리는 존재가 되도록 노력해야 한다. 그러한 노력 없이 사랑 하나로 상대방의 마음을 사려고 하는 것은 당신의 욕심일 뿐이다.

셋째, 정서적 요소이다. 현실적 조건과 인격이 모두 갖춰졌다고 사랑이 생기는 것은 아니다. 어쩌면 가장 강력한 요소가 바로 정서적인 면, 즉 필링(feeling)이다. 우리는 누군가와 잘 통한다는 말을 할 때 흔히 "그 사람은 나랑 캐미가 맞아"라고 한다. 여기서 '캐미'란 말은 바로 영어의 'chemical'에서 유래된 말인데 이를 번역하면 '화학물질'이란 뜻이다. 즉 사랑이란 이런 화학적 작용으로 몸속 호르몬❖이 변화되어 느끼는 감정이기도 하다. 누군가에게 첫눈에 반하거나 성적으로 흥분되면 우리 몸에는 이러한 화학물질이 분비된다. 그래서 얼굴이 빨개지거나 심장이 콩닥콩닥 뛰기도 하고, 남자의 경우 성기(性器)가 경직되기도 하는 것이다. 이런 정서적인 면은 사실 외모, 목소리, 말투, 표정 등 여러 요소들이 복합적으로 작용된다.

이렇듯 연애 상대를 제대로 고르기 위해서는 위에서 말한 세 가지 요소를 통해 자신과 어울리는지 잘 살펴봐야 한다. 그런데 대부분의 젊은이들은 정서적인 감정, 즉 필링에만 지나친 점수를 배점한다. 소위 말하는 '외모지상주의'를 뜻한다. 그런데 이 요소는 연애를 시작할 때는 가장 강력한 요소이지만 살아가면서 퇴색되기 쉽다. 멋진 몸

❖ 앞서 얘기한 행복을 주는 호르몬인 도파민(dopamine),아드레날린(adrenaline) 등과 유사한 것들.

매는 세월이 흐르면서 뚱뚱해지고, 예쁜 얼굴도 나이가 들면 축 처져 버린다. 달콤한 목소리도 세월의 풍파 속에서 어느새 짜증 섞인 목소리로 변한다. 건강했던 육체도 나이 들면 시들어지고 성관계 횟수도 해마다 줄어든다.

결국 부부는 친구와 같이 의리로 여생을 함께 살게 된다. 그렇다면 정서적인 요소보다는 최후에는 인격적인 요소가 더 중요할 수 있다. 얼마 전 티비조선에서 방영한 '미스터 트롯' 이라는 프로를 우연히 본 적이 있다. 임영웅이란 가수가 <어느 60대 노부부 이야기>란 곡을 부르는 것을 들었는데 나도 모르게 눈시울이 뜨거워졌다. 이 노래는 고 김광석이 2006년 발표한 노래인데 가사내용이 너무 슬퍼서 듣는 이들의 눈물을 짜내는 '티어저커(tearjerker)'❖ 이다.

곱고 희던 그 손으로

넥타이를 매어주던 때

어렴풋이 생각나오. 여보 그때를 기억하오

막내아들 대학시험

뜬눈으로 지내던 밤들

어렴풋이 생각나오. 여보 그때를 기억하오

세월은 그렇게 흘러 여기까지 왔는데

인생은 그렇게 흘러 황혼에 기우는데

❖ 영어로 영화나 연극 등에서 몹시 감상적인이고 슬픈 이야기를 뜻하는 말이다. 눈물샘을 자극해 관객의 눈물을 짜낸다는 말에서 유래된 것. 우리나라 말 중 '신파조'란 말이 이와 유사한 표현이다.

큰딸아이 결혼식 날
흘리던 눈물방울이
이제는 모두 말라 여보 그 눈물을 기억하오
세월이 흘러감에 흰머리가 늘어가네
모두 다 떠난다고 여보 내손을 꼭 잡았소
세월은 그렇게 흘러 여기까지 왔는데
인생은 그렇게 흘러 황혼에 기우는데
다시 못 올 그 먼 길을
어찌 혼자 가려하오
여기 날 홀로 두고
여보 왜 한마디 말이 없소
여보 안녕히 잘 가시게

노래의 마지막 소절을 듣자니 아내가 세상을 떠나는 내용이다. 이 노래 가사가 바로 우리 부부들의 삶을 그대로 보여주는 것 같다. 처음 연애할 때는 뜨겁고 격정적 감정이 전부 같지만, 종국에는 이렇게 친구처럼 가정을 함께 일궈가고, 거울처럼 마주보며 함께 걸어가는 동반자가 되는 것이다. 이런 동반자가 되려면 인격적 요소가 없어서는 안 된다.

또한 부부의 삶은 앞서 연애의 두 번째 요소에서도 말했듯이 솔직히 현실적인 면을 무시하지 못한다. 아무리 서로 사랑하고 인격적이라고 해도 경제적으로 너무 어렵게 되면 서로 짜증을 내기 쉽다. 중요한 점은 자신과 현실적인 조건이 비슷한 상대를 골라야 마음이 편하다는 것이다. 너무 차이가 나면 어느 한 쪽이 열등감에 사로잡히게 되거나, 갑을관계가 되기 십상이기 때문이다. '신데렐라 콤플렉스'란 말이 있다. 미국의 작가이자 저널리스트 다울링(Dowling)이 처음 사용한 용어다. 원래 신데렐라 콤플렉스는 '남성에게 의탁하여 안정된 삶을 꾀하려는 여성의 심리상태'를 의미한다. 이러한 콤플렉스에 걸리면 자신의 창의성과 의욕을 발휘하지 못하고 누군가 대신 해 주기를 바란다. 그런데 요즘은 비단 여성뿐만 아니라 남성의 경우도 이런 콤플렉스에 빠진 경우가 종종 있다.

하지만 세상에 공짜는 없다. 당신이 상대방에게 의존하려고 할수록 당신은 자신감을 상실하게 되고, 결국 상대방에게 종속되어 버릴 것이다. 그러한 사랑은 건강하지 않으며 영원하기도 어렵다. 자신을 사랑하지 못하는 사람은 상대방도 사랑할 수 없고, 그로부터 사랑받을 수도 없기 때문이다.

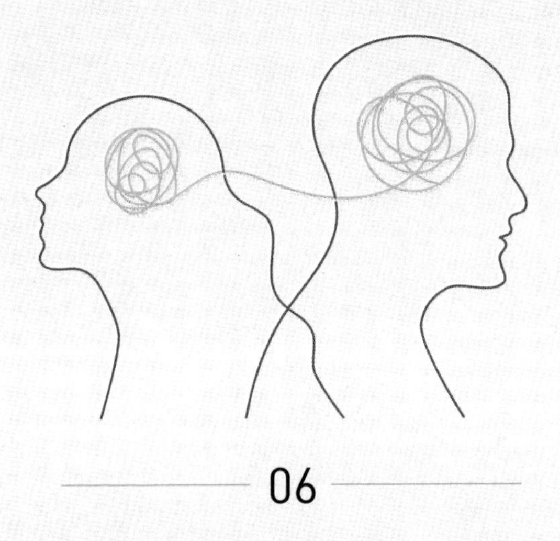

06

행복한 삶

1. 건강관리

2. 가족과 친구

3. 취미생활

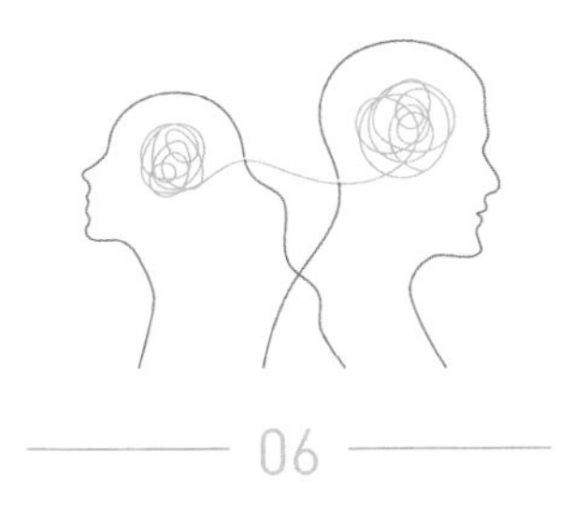

06

행복한 삶

우리가 행복한 삶을 즐기기 위해서는 반드시 몇 가지 요소를 갖춰야 한다. 돈만 있으면 다 행복할 거 같지만 그렇지 않다. 내가 생각하는 행복을 위한 요소들은 다음과 같다.

1. 건강관리

행복을 위한 가장 중요한 요소는 무엇보다 육체적 건강이다. 앞서 나는 위나라 사마의가 평소 스트레칭을 통해 꾸준히 건강관리를 해 오래 살았고, 그것이 최후의 승자가 될 수 있는 중요한 요소라고 말한 바 있다. 몸이 건강하다는 것은 남과의 경쟁에서 유리한 면도 있지만, 무엇보다도 본인 자신이 행복해진다. 반면 만약 병마에 시달린다면 세상만사 귀찮아져 아무 의욕도 생기지 않게 될 것이다.

A sound mind in a sound body

(건전한 정신은 건전한 육체에 깃든다)

고대 로마의 시인 유베날리스(Juvenalis)가 한 말이다. 이 말은 건강한 육체를 가진 자만이 올바른 정신상태를 가질 수 있다는 말이다. 즉 육체의 건강이 무엇보다 중요하다는 것. 설사 실패를 해도 몸이 건강한 한 언제든 재기할 수 있다. 하지만 건강을 잃은 사람에게는 희망이 없다. 그래서 다음과 같은 말이 나온 것이다.

돈을 잃으면 조금을 잃는 것이고

명예를 잃으면 많은 것을 잃는 것이고

건강을 잃으면 전부를 잃는 것이다

건강한 육체를 가지려면 평소 꾸준히 운동을 하고, 식단과 식사량에도 신경을 써야 한다. 술 담배도 가능한 멀리해야 한다. 그런데 제일 중요한 건 스트레스를 받지 않아야 한다. 왜냐하면 스트레스는 만병의 근원이고, 심지어 술과 담배를 다 합한 것보다 몸에 해롭다고 한다. 스트레스 없이 살려면 마음의 자세가 매우 중요하다. 예전에 '내셔널지오그래픽' 방송에서 사자와 악어를 비유하는 편을 보았다.

우리는 드넓은 초원에서 백수의 왕 사자가 갈기를 휘날리며 전속력으로 달려가 얼룩말을 사냥할 때 멋지다 느낀다. 반면 물속에서 코만 삐쭉 내놓고 가만히 있는 악어를 보면 별다른 매력을 느끼지 못한다. 사실 악어는 다리가 짧고 생김새도 흉측한대다 속력도 느리다. 그럼에도 악어가 무서운 것은 그들이 참을성이 많다는 점이다. 느린 속력 때문에 악어는 육지에 있는 먹이를 쫓아가 잡기 힘들다. 그래서 악어는 먹이가 물 근처로 올 때까지 몇 시간이고 물 안에서 숨어 기다린다. 뿐만 아니라 악어는 이렇게 참을성이 많은 탓에 심장박동수가 사자에 비해 아주 느리다. 이러한 효율적 에너지 활용 때문에 악어는 한번 먹이를 잡아먹으면 수개월 동안 안 먹고 버틸 수 있다. 오랜 가뭄으로 다른 모든 동물들이 다 목말라 죽어도, 악어는 진흙 속에서 오랫동안 우기(雨期)를 기다릴 수 있다. 이런 까닭에 악어는 다른 어느 동물보다 스트레스를 적게 받는다고 한다. 이에 반하여 사자는 성질이 급하고 포악해 자주 으르렁 거리며 화를 내기 때문에, 심장박동수가 아주 빨라져 스트레스도 훨씬 많이 받는다.

사자와 악어의 이런 특성은 그들의 수명과도 직결된다. 사자의 평균 수명이 10~15년에 불과한 반면 악어의 평균 수명은 40~50년이고 세계 최고로 장수한 놈은 120세까지 사는 것도 있다. 거의 인간과 맞먹는 수명이다. 결국 악어와 같이 스트레스를 안 받는 사람이 사자처럼 화를 잘 내는 사람보다 오래 살 확률이 높다.

2. 가족과 친구

행복하게 살고 싶다면 곁에 있는 가족과 친구를 소중히 여겨야 한다. 아무리 경제적 · 사회적으로 성공하였다고 해도 가족과 친구에게 인정받지 못하는 사람은 인생에 있어 승자라고 볼 수 없다. 사람은 혼자 살 수 없는 사회적 동물이기 때문에 상호교감을 통해 행복감을 느끼고 자아(自我)를 실현한다.

우리 주위에는 간혹 부모로부터 땅을 상속받았다 인근이 개발되어 벼락부자가 된 사람이 더러 있다. 하지만 그에게 돈만 생겼을 뿐 그 돈을 함께 즐길 수 있는 가족이나 친구가 주위에 없으면 무슨 소용이겠는가? 결국 그의 주위에는 돈을 노리는 사기꾼들로 가득 차게 될 것이다. 그 결과 벼락부자는 오히려 돈이 많은 이유 때문에 불행해질 수 있다.

보통 형제자매들도 다 가난할 때는 보통 우애가 좋지만, 거액을 함께 상속 받거나, 누군가 하나만 부자가 될 경우는 상황이 달라질 수 있다. 서로 분쟁을 하거나 시기하여 결국 우애가 깨지는 경우가 허다하다. 심지어는 부모가 죽은 뒤 치열한 상속분쟁으로 형제자매들이 원수가 되는 경우도 간혹 있다.

한편 친구는 그 숫자가 중요한 것이 아니라 얼마나 진정한 친구인가가 더 중요하다. 힘들 때 마음을 나눌 수 있는 친구가 두 세 명만 있어도, 우리는 행복해질 것이다. 이런 친구 사이를 동양에서는 '관포지교(管鮑之交)'라고 하고, 서양에서는 '다윗과 조나단(David & Jonathan)'이라고 표현하는데 모두 다 핏줄을 뛰어넘는 우정의 상징 같은 인물들이다.

반대로 내가 상황이 좋을 때만 곁에 있는 친구를 미국 사람들은 '페어웨더 프렌드(fair-weather friend)'라고 부른다. 직역하면 '날씨가 좋을 때만 곁에 있는 친구'라는 뜻이다. 당신이 비를 맞을 때는 옆에서 우산을 받쳐주지 않는 친구, 당신이 어려운 순간에는 당신을 외면하는 친구를 의미한다. 이러한 친구들은 지천에 깔려있는데 반해, 관포

지교와 같은 진정한 친구는 극히 드물다. 그러한 진정한 친구들과 인생을 함께 한다는 것은 정말 복 받은 일이 아닐 수 없다.

내가 아는 캐나다 교포 한 분은 혼자 골프를 치다 홀인원을 했는데 아무도 함께 기뻐해줄 사람이 없어 허탈했다고 한다. 우리 인생에 있어 내가 성공하였을 때 옆에서 갈채를 보내줄 사람이 아무도 없다면 외로운 섬에서 표류하는 사람과 뭐가 다르겠는가?

언젠가 대학 동창 한 녀석을 만났다. 나는 그에게 '그동안 왜 연락을 안했냐?'고 핀잔을 주면서 이렇게 투덜거렸다.

"내가 요즘 TV프로에 패널로 자주 나가니까 애들이 내가 바쁘다고 생각해서 그러나? 연락들이 별로 없네."

그러자 그 녀석 왈.

"야 니가 먼저 전화해봐. 아마 애들이 반가워할걸?"

그의 짧은 말 한 마디가 내게는 비수처럼 꽂혔다.

"그래 내가 바쁘단 이유로 먼저 연락하지 않고 남들이 전화하기를 기다리기만 했구나……"

나는 그 동안 소극적으로 대인관계를 한 점에 대해 속으로 반성하며 이렇게 다짐했다.

"그래! 내가 외로워지기 전에 먼저 연락하자. 친구 사이에 먼저 연락한다고 자존심 상할 것도 아니고……"

그 다음부터 나는 친구들에게 먼저 연락하여 만나자고 말했다. 그랬더니 다들 흔쾌히 응해주었다. 혹시 자신이 외롭다고 느끼는 사람이 있다면 지금 당장 친구들에게 전화해라. 당신이 그랬듯이 친구들도 아마 당신이 먼저 전화해 주기를 기다리고 있었을 거다.

3. 취미생활

마지막으로, 행복의 필수조건 중 하나는 취미생활이다. 취미는 인생에 있어 가족이나 친구 못지않게 외로움을 달래준다. 즉 취미는 때로 가족이나 친구들이 곁에 없을 때 그 빈자리를 채워주는 '무형의 친구' 같은 존재이며, 죽는 순간까지 함께 해주는 반려자이기도 하다. 취미에는 대개 친구들과 함께 하는 골프, 당구, 축구, 테니스 등과 같은 것들도 있지만, 혼자서 할 수 있는 취미도 많다. 예컨대 등산, 스키, 수영, 음악 감상, 그림, 악기연주 같은 것들이 이에 해당된다. 나는 여러분에게 가능한 이러한 두 가지 부류의 취미를 각각 하나 이상씩 갖는 걸 권한다. 내 경우 실외취미로 골프를, 실내취미로 색소폰 연주를 한다. 골프는 보통 4명이 함께 어울리며 야외에서 하는 운동이므로 색소폰과 모든 면에서 대비가 된다. 그래서 날씨가 좋으면 골프를, 그렇지 못하면 색소폰 연주를 하곤 하는데 나에게 많은 행복감을 준다. 내가 자주 다니는 골프장 벽에는 이런 문구가 하나 적혀 있다.

골프는 소년을 어른으로 만들고
어른을 소년으로 만든다

참 멋진 철학이 담긴 말이다. 골프를 하게 되면 소년은 그것을 통해 인생을 배우게 된다. 첫 홀에 큰 실수를 했다고 해도 18홀을 돌면서 얼마든지 역전 할 기회를 가질 수 있다. 반대로 현재 자신이 상대방을 크게 앞서고 있다가도 한 순간에 '더블 파(double par)'를 기록하며 뒤집힐 수 있다. 드라이버를 길게 쳤다고 으스대다 다음 샷에서 엉뚱한 실수를 해 그 홀에서 패배할 수 있다. 그린 근처까지 잘 쳤지만 마지막 결정적인 퍼팅을 실수해 패하기도 한다. '디봇(divot)'에 들어간 볼을 살짝 건드려 옮겨 놓고 치다가 벌을 받기도 한다. 끊어가야 하는 홀에서 무리수를 던지다 해저드(hazard)에 볼을 빠뜨리기도 한다. 어떻게 보면 인생의 단면과 매우 유사하다. 그래서 골프를 통해 소년은 인생을 배우게 되고 어른으로 성장한다는 뜻이다. 사실 많은 스포츠가 있지만 골프처럼 긴 시간 동안 여러 우여곡절이 많은 경기는 흔치 않다. 마라톤이나 축구, 등산 같은 운동에서는 그런 다양한 변화가 상대적으로 적은 편이다.

재밌는 것은 골프에는 묘한 심리전이 더 큰 흥미를 유발한다는 점이다. 골프는 상대방과 전혀 무관하게 자신의 샷만 하면 되는 것처럼 보이지만, 사실 눈에 보이지 않는 심리전이 치열하게 전개된다. 상대방이 실수를 하면 내색은 안 해도 속으로 기뻐한다. 그런 상대의 실수를 보면 마음이 편해져서 평소보다 더 멋진 샷을 할 수 있고, 반대로 실수한 사람은 더 무너져 버리기도 한다.

이에 반해 어른은 골프를 통해 어린아이가 된다. 나이든 어르신들조차도 골프 치기 전날부터 벌써 소풍 전야의 어린애처럼 마음이 들뜬다. 어린 시절에는 사소한 일도 재밌게 느껴지지만 나이가 들수록 재밌는 일이 하나둘 사라진다. 그런데 골프란 놈은 묘한 매력이 있어 그런지, 아무리 나이 들어도 질리지 않고 매번 새로운 흥분과 설렘을 안겨준다. 그래서 아마 골프를 통해 어른은 소년으로 변하게 되나 보다.

한편, 나는 혼자 할 수 있는 실내취미로 약 20년 동안 색소폰을 연주해 왔다. 기간이 오래되었음에도 아직도 미숙한 실력이어서, 나는 요즘도 이따금 개인레슨을 받는다. 색소폰은 사람의 목소리와 가장 유사한 악기라서 그 음색이 매력적이다. 색소폰은 보통 재즈(jazz)❖ 음악의 상징으로 여겨지기도 한다. 나는 그 중 '비밥(bebop) 재즈'를 가장 좋아하는데, 천재 색소폰니스트 찰리파커(Charlie Parker)가 그 효시다.

그런데 내가 처음 색소폰을 시작하게 된 계기에는 케니지(Kenny G)의 역할이 컸다. 그는 당시 흔치 않았던 '소프라노 색소폰'을 현란하면서 깔끔한 음색으로 불어 전 세계를 감동시켰다. 그로 인하여 색소폰은 대중들에게 더 친숙하게 다가갈 수 있었다. 나는 사실 처음에는 케니지가 부는 악기가 소프라노 색소폰인줄도 몰랐다. 하루는 길을 걷다 악기점 앞을 지나가게 되었는데 유리창 넘어 케니지가 사용한 악기가 전시된 것을 보고 무작정 악기점에 들어가 그에 대해 물었다. 그랬더니 가게주인이 그것이 바로 케니지가 부는 소프라노 색소폰이라고 알려줬다. 나는 며칠 고민하다 큰 맘 먹고 그것을 구입해 취미로 삼았는데 나중에 알토 색소폰도 하나 더 구입했다.

색소폰을 처음 시작한 날 나는 언젠가 무대 위에 올라가 지인들 앞에서 멋진 연주를 하리라 다짐했는데, 그 꿈은 실제로 그로부터 한참 뒤에 이뤄졌다. 2019년 10월 26일 대학교 동창모임에서 소프라노

❖ 재즈는 미국 남부도시인 뉴올리언스(New Orleans)에서 비롯된 흑인의 민속음악과 백인의 유럽음악의 결합으로 미국에서 생겨난 음악장르이다.

색소폰으로 4곡을 연주했는데, 반응이 나쁘지 않아 그 중 몇 곡을 유튜브(You Tube)에 올려놨다. 실로 20년 만에 나의 꿈이 이루어진 감격스런 순간이었다.

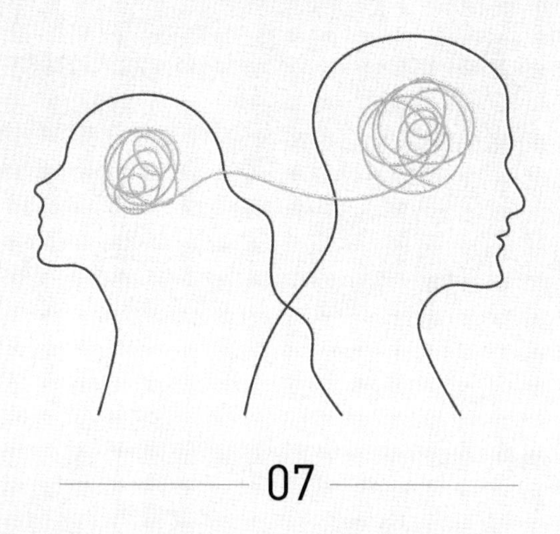

07

글을 맺으며

07

글을 맺으며

여러 면에서 부족한 내가 이 책을 통해 주제 넘는 얘기를 많이 했다. 혹시 이 글을 읽으면서 '너무 제 자랑하는 거 아냐?' 이런 불쾌한 느낌을 받은 독자가 있다면 넓은 아량으로 넘어가 주길 바란다. 책 머리말에서 얘기했듯이, 이 책은 그냥 나 자신에게 하는 혼잣말이자 스스로에게 하는 다짐이다. 따라서 책 속의 '당신'은 바로 '나'를 의미하는 말이기도 하다. 나는 단지 이 책의 내용 중 어느 한 소절이라도 누군가에게 힘이 되었다면 그걸로 만족한다. 나 역시 아직 인생을 다 살아보지 못하였고 배울 게 많지만, 감히 인생에 관해 논하자면 결론적으로 이렇게 한마디로 정의하고 싶다.

인생에 있어 최후의 승자는
멋진 추억을 많이 가진 사람이다

어차피 지금 이 순간도 지나고 나면 추억이 된다. 현재라는 것은 너무 찰나의 순간이며, 미래는 아무도 모르는 미지수(未知數)에 불과하다. 지금 이 순간도 우리는 끊임없이 새로운 추억들을 만들어 가고 있다. 그런데 많은 사람들은 미래를 위해 현재를 희생하는데 너무 익숙해진 것 같다. 물론 미래를 위해 대비하는 자세는 훌륭하다. 하지만 현재를 무시하고 미래에만 치우는 자세는 옳지 않다. 예전 어느 개그 프로에서 개그맨 김학래가 이런 취지의 말을 했던 기억이 난다.

"어떤 사람은 자기 지갑에서 가장 헌 지폐를 먼저 씁니다. 늘 지갑 안에 새 지폐를 남겨두기 위해서죠. 그런데 어떤 사람은 반대로 가장 새 지폐를 먼저 사용한다고 합니다. 한 사람은 미래에 치우친 사람이고, 다른 한 사람은 현재를 즐기는 사람입니다. 근데 말이죠. 새 지폐를 먼저 쓰는 사람은 늘 자신이 갖고 있는 돈 중 최고 좋은 것을 사용한다는 기분을 즐기게 되는 거예요. 여러분에게 주어진 지금 현재의 행복이 어떻게 보면 먼 훗날의 행복보다 더 소중하지 않을까요?"

비록 짧은 대사였지만 나에게 많은 생각을 하게 하는 대목이었다. 서양 격언 중 이런 말이 있다.

A bird in the hand is worth two in the bush

(손 안에 든 새 한 마리가 숲 속에 있는 두 마리보다 낫다)

혹자는 이런 말을 할지도 모르겠다.

"언제는 미래의 행복을 위해 참고 인내하라고 하더니, 지금은 현재를 즐기라고? 도대체 앞뒤가 맞지 않아."

하지만 현재를 즐기라는 것이 반드시 미래를 포기하라는 뜻은 아니다. 미래를 대비하면서도 현재 자신의 모습을 사랑하고, 현재 자신의 곁에 있는 사람들을 배려하는 따뜻함을 잃지 말라는 뜻이다. 남편이 돈 벌어 온다고 가족들에게 화를 내고 유세를 떠는 것은 미래를 위한답시고 현재의 행복을 망가뜨리는 것이다. 장차 직장에서 출세를 위해 현재의 건강을 상해가면서 일을 하는 것도 마찬가지이다. 나중에 돈 벌어 효도한답시고 고향을 등지고 부모님에게 찾아가보지 않는 무심한 사람들이 있다. 하지만 부모님은 당신을 기다려주지 않는다. 나중에 출세해 찾아가봐야 이미 부모님은 하늘나라로 간 뒤이다. 미래만 바라보고 현재를 무시하는 사람은 나중에 아무런 추억이 남지 않는다. 왜냐하면 추억은 바로 '현재의 과거형'이기 때문이다.

앞서 얘기했던 ＜행복을 찾아서＞라는 영화 중 이런 장면이 있다. 크리스가 돈이 하나도 없어 교회에서 운영하는 노숙자 시설에서 묵을 때였다. 그는 도난당했다 찾은 의료기기를 고쳐서 병원에 납품한 뒤 250달러를 받는다. 그날 크리스는 어린 아들과 함께 호텔에서 묵고, 금문교(Golden Gate Bridge) 근처의 해변에서 아들과 여유로운 휴식을 취한다. 보통 사람들은 그렇게 가난한 상황이라면 그 돈을 한 푼이라도 아껴 가능한 오랜 기간 버티려 했을지도 모른다. 하지만 크리스는 그날 하루만큼은 모든 시름을 벗어던지고 부자(?)가 되어 본다. 그는 철저히 미래를 준비하는 사람이었지만 현재의 행복을 절대로 포기하지 않았다. 아무리 어렵고 비참한 상황이라도 아들에게 항상 따뜻한 말로 용기를 주고 사랑한다는 말을 잊지 않았다. 그리고 어떤 상황에도 아들과 떨어지지 않았다.

"야! 아빠가 지금 너무 힘드니 너 혼자 놀아. 귀찮게 하지 말고 저리가!"

이렇게 짜증을 낼 법 한대도 말이다.

우리는 누구나 언젠가 늙고, 병들고, 죽는다. 그것이 자연의 법칙이다. 아무리 권력이 있고, 돈이 많고, 잘난 사람이라도 그런 자연의 섭리 앞에서는 남들과 평등하다. 하지만 이렇게 죽음 앞에 평등한 인간이지만 그 삶에는 분명한 차이가 있다. 멋진 추억으로 가득한 삶이 있는 반면, 악몽 같은 추억으로 점철된 삶 혹은 추억 자체가 아예 없는 삶도 있기 마련이다. 당신이 죽은 뒤 남들이 하는 당신에 대한 평가는 사실 그리 중요하지 않을 수도 있다. 어차피 죽고 난 뒤에는 그런 평가를 알 수도 없을 테니 말이다. 하지만 죽음 앞에서 자신 스스로를 돌이켜 봤을 때 정말 여한 없이 살아왔다고, 다시 과거로 돌아가더라도 더 이상의 나은 선택은 없었을 것이라고 자신에게 당당히 말할 수 있다면, 그 삶은 분명히 성공한 삶이다. 그리고 그런 삶은 반드시 멋진 추억으로 가득할 것이다. 만약 지금 당신이 그렇게 늙어가고 있다면 그 늙음조차도 아름다울 것이다.

나도 이제 어느덧 50대 후반으로 접어들면서 가끔 인생을 되돌아보게 된다. 그리고 가끔 내가 현재 이 순간을 정말로 즐기고 있는지를 나 자신에게 물어본다. 오늘은 운동 삼아 동네 학교운동장을 돌았는데, 어린 아이들이 노루처럼 뛰어다니며 공놀이를 하는 걸 보며 그들의 젊음이 부러웠다.

"나에게도 저런 시절이 있었지. 참 세월이 빠르네……"

하지만 한편으로 이렇게 나 자신을 위로해 본다. 내가 나이를 먹는 것은 하루하루 죽음을 향해 가는 것이 아니라 하루하루 추억을 쌓아가고 있는 것이고, 나는 지금 내 지갑에서 가장 새 지폐를 매일 사용하고 있는 것이라고…….

미국의 시인 로스케(Roethke: 1908~1963)는 이런 말을 남겼다.

너희 젊음이 네 노력으로 얻은 상이 아니듯,
내 늙음은 내 잘못으로 얻은 벌이 아니다

이 구절은 몇 해 전 상영된 영화 <은교>에서 주인공 이적요(박해일)가 인용해 더욱 유명해진 말이다. 영화 속 이적요는 나이가 지긋한 백발의 원로작가이다. 그는 제자인 서지우가 한국 최고의 문학상 중에 하나인 '이상 문학상'에서 수상을 하는 행사에서 축사를 하게 되었다.

"나 이적요는 늙었습니다. 늙는다는 것은 이제까지 입어본 적이 없는 납으로 만든 옷을 입는 것이라 시인 로스케는 말한 적이 있습니다."

사실 이적요가 단상에서 한 말은, 스승의 글을 훔치고 스승의 마음 속 연인 은교(김고은)마저 빼앗은 제자 서지우❖를 향한 절규였다.

"그래 나 늙었는데 나도 이것을 받아들이기 무척 힘들구나. 하지만 너도 언젠가 나처럼 늙어. 그러니 너무 젊다고 자랑하지 마."

❖ 영화 속 서지우는 이적요의 제자였는데, 이적요가 자신의 집에 놀러오는 여고생 은교를 마음의 연인으로 생각하고 쓴 소설 [은교]의 원고 글을 몰래 훔쳐 자신의 이름으로 소설로 발간했다. 그런데 서지우는 그 소설로 인해 베스트셀러 작가가 되고 나아가 '이상 문학상'을 수상하게 된 것이다.

그는 속으로 이렇게 생각했을 것이다. 곧이어 이적요는 슬픈 표정으로 이렇게 말했다.

"너희 젊음이 너희 노력으로 얻은 상이 아니듯이, 내 늙음도 내 잘못으로 받은 벌이 아니다."

인생은 포도주와 비슷한 것 같다. 나이가 들수록 향기가 그윽해지는 포도주. 하지만 그렇게 향기가 나려면 그 포도주는 좋은 오크통에 오래 보관되어야 하며 온도와 습도도 잘 관리되어야 한다. 그렇지 않으면 그 포도주는 썩어서 악취만 나서 버려지고 만다. 우리가 이렇게 향기 나는 포도주가 되어 주위사람들에게 좋은 인상을 심어주려면 지금 현재를 사랑하고, 그 현재를 멋진 추억으로 만드는 노력을 해야 할 것이다.